新时代

坚定文化自信的
路径探析

肖园园 张瑜 张义焕 ◎ 著

辽宁人民出版社

©肖园园 张 瑜 张义焕 2025

图书在版编目(CIP)数据

新时代坚定文化自信的路径探析 / 肖园园, 张瑜,
张义焕著. — 沈阳 : 辽宁人民出版社, 2025.3

ISBN 978-7-205-11088-8

Ⅰ.①新… Ⅱ.①肖… ②张… ③张… Ⅲ.①中华文
化-研究 Ⅳ.①K203

中国国家版本馆 CIP 数据核字(2024)第 065525 号

出版发行 : 辽宁人民出版社

地址 : 沈阳市和平区十一纬路 25 号 邮编 : 11003

电话 : 024-23284321(邮　购) 024-23284324(发行部)

传真 : 024-23284191(发行部) 024-23284304(办公室)

http://www.lnpph.com.cn

印　　刷 : 辽宁一诺广告印务有限公司

幅面尺寸 : 170mm×240mm

印　　张 : 12.25

字　　数 : 200 千字

出版时间 : 2025 年 3 月第 1 版

印刷时间 : 2025 年 3 月第 1 次印刷

责任编辑 : 张天恒　王晓筱

装帧设计 : 识途文化

责任校对 : 吴艳杰

书　　号 : ISBN 978-7-205-11088-8

定　　价 : 68.00 元

前　言

　　自古以来，文化一直是人类社会发展的重要基石和灵魂所在。文化传承与创新是一个国家、一个民族走向复兴的关键因素。在新时代的背景下，中国特色社会主义进入了一个全面建设的新阶段，我们必须更加坚定文化自信，注重传统文化的继承与创造性转化，弘扬社会主义核心价值观，以此推动中华民族伟大复兴的实现。文化自信是一种对自己的文化传统、精神价值和政治制度的自豪感和认同感。作为一个拥有五千年悠久历史的文明古国，中国拥有丰富的文化资源和深厚的文化底蕴。在国际交往中，我们既要尊重他国文化的多样性，又要坚持中国文化的多样性和优越性，推动文化交流互鉴、共同发展。只有真正坚定自信，才能在风雨中保持定力，保持本土文化的生命力和影响力。

　　坚定文化自信的路径探析，首先要加强对传统文化的继承与挖掘。中国传统文化是我们的根基和灵魂，要正确对待并深入研究中国古代经典著作、思想理论和艺术成就，挖掘其深层次的价值内涵，传承和弘扬中华文化的精髓。其次，要注重现代文化创新与传播。文化是与时俱进的，面对快速发展变化的世界，我们需要以开放包容的心态吸纳其他文明的优秀成果，推动中华文化与现代科技、艺术等各领域的融合创新，让中国文化在创新中焕发新的生机与活力。另外，要加强社会主义核心价值观的培育和传播。社会主义核心价值观是新时代中国特色社会主义发展的理论指导，是立足于中国国情和时代要求的具有广泛认同性的价值观体系。在全社会范围内树立正确的价值观念，将社会主义核心价值观融入教育、媒体、文艺等方方面面，引导人们树立正确的世界观、人生观和价值观。最后，要加强文化交流与对外传播。积极参与国际文化交流，通过国际渠道传播中国文化，让世界更好地了解中国，在世界舞台上展示中国自信、中国声音和中国形象。同时，也要借鉴其他国家的文化经验，为中国文化的发展注入新的活力和创造性。

本书通过对当前时代背景下中国文化自信问题的深入分析，探讨了实现文化自信的路径和方法。在书中，作者首先以理论研究为基础，系统梳理了马克思主义经典作家关于文化自信理论的阐述、中国传统文化中相关理念观点借鉴以及中国共产党人关于文化发展的相关理论，揭示了新时代坚定文化自信的理论渊源。其次，作者阐明了新时代坚定文化自信的内涵和本质、新时代坚定文化自信的基本特征和主要内容。再次，作者剖析了新时代坚定文化自信的必要性和可行性，指出新时代坚定文化自信的重要价值。最后，作者还提出了新时代坚定文化自信的主要路径，提供了一系列可行的坚定文化自信的建议。

综合而言，《新时代坚定文化自信的路径探析》通过深入研究和理论分析，为读者提供了一种思考当代中国坚定文化自信问题的视角，并指导了坚定文化自信的具体路径和方法。本书适合对中国文化自信问题感兴趣的学者、研究人员和社会公众阅读参考。

目　录

第一章 绪 论

第一节 研究缘由与意义

文化，伴随着人类历史发展而不断发展，是人类社会进步的重要议题。自古以来，文化成为历朝历代社会发展的核心因素，即便处在当今时代，谁先行一步抢占了文化发展的阵地，谁就能够在整个国力竞争中取得发展的主动权。文化的发展不是孤立的发展，文化在较大程度上对一个国家的经济、政治、社会、生态各个领域的各个方面产生较为深远的影响，文化发展的好坏昭示着一个国家或社会整体的发展水平。尤其在中国现代化发展中，文化是推动经济高质量发展的重要支柱，文化是不断满足人民增长的精神文化诉求的基本点，文化还是我们国家积极应对国内外风险挑战并不遗余力地战胜各种艰难险阻的重要精神动力。

一、研究缘由

现如今，处于百年未有之大变局，国内外形势变得更加严峻。我国如何铸就社会主义现代化文化强国，如何使中华民族屹立于世界民族之林，如何更好地运用文化来促进综合国力的不断提升……这些问题成为当下中国文化发展需要思考的重要命题。因此，新时代我们要不断提升国民的文化自信，不断赋予中国特色社会主义文化新的发展方向、新的发展理念、新的发展思维、新的发展模式，这样才能在新的历史方位下不断创造属于中华民族现代性发展的文化根基，给予中国式现代化道路前进的精神动力。当前，学术界对文化自信以及实现文化自信的路径的分析逐渐上升、相关研究成果不断增多，但仍然存在一定问题需要深入探讨和系统研究。

（一）坚定文化自信是实现中华民族伟大复兴的必然抉择

文化的强弱关系到国家民族的兴衰，一个国家即使经济发展势头旺盛，没有文化作精神支撑，也不会走得太远；一个民族没有本民族文化的繁荣，在历史长河中就会面临落后甚至消失。文化的力量在于为国家和民族不断注入精神动力，能够使民众因共同的精神文化信仰而团结一心，使国家与民族的发展永葆活力。新时代中国特色社会主义文化的目标也是实现广大人民群众的美好精神追求，为中华民族伟大复兴提供精神力量。中华民族在人类历史发展中占有重要地位，之所以能够在历史长河中长久地生存下来，其重要的原因在于拥有五千年之久的中华文化绵延不断，为中华民族提供着精神动力，文化的影响是潜移默化和源远流长的，对人类文明进步发挥着不可磨灭的贡献。新时代，实现中华民族伟大复兴是中国发展最为重要的目标，中国如今的发展态势使得现在更有能力去实现这一发展目标。因此，新时代倡导文化自信，发掘和重视我国独特的文化，使中国更为自信地站在世界舞台上，使中国人民更为自信和坚定地投身于实现中国现代化伟大建设之中。不断提升文化自信心，坚定中国主流文化，为中国的社会主义现代化建设扫平落后及消极思想文化的影响，为人民创造美好生活，为国家发展壮大提供精神食粮，从而推动中华民族伟大复兴早日实现。

（二）坚定文化自信是保障我国文化安全的应有之义

复杂的国际形势和国内风险挑战为文化发展带来新问题。"当前，世界之变、时代之变、历史之变正以前所未有的方式展开……人类社会面临前所未有的挑战"。[①]中国如何顺应时代潮流掌握文化自信以实现自我进步和助推国家现代化进程是其在新时代要直面的新命题。

世界经济低迷态势和中西文化之争给文化自信带来严峻挑战。"进入新时代，我国面临更为严峻的国家安全形势，外部压力前所未有，传统安全威胁和非传统安全威胁相互交织"[②]。一是世界经济低迷态势下中国文化发展受影响。美国等西方国家坚信"国强必霸"理论，在世界范围内封锁和打压中国经济发展。单边主义、民粹主义及贸易保护主义势力不断上升，逆全球化经济浪潮高涨。尤其是近几年，美国鼓动欧盟"去中国化"，通过制裁中国核心科技企业进行技术封锁，企图将中国产业供应链踢出欧洲市场……阻挠中国经济发展，进而影响中国的政治、文化、社会整体发展态势，使党和人民面临较大发展压力，因此，如何通过思想政治教育有效地稳定人民群众的自信心，增强人民的团结力和向心力是提升文化自信心的重要考量。二是中西文化之争带来新挑战。现如今国际文化霸权依旧存在，中西文化之争早已打响，只不过在新时代以新的形式呈现。有的西方国家借助"普世价值"将西方价值观借助各种文化载体传入中国；有的国家企图抢占我国的舆论阵地，抹黑甚至毁坏中国的形象。在新冠疫情期间，西方意识形态敌对者大做中国疫情文章："武汉病毒"、中国防疫"侵犯人权"……他们试图通过截取、移植、镶接某些信息片段，断章取义，歪曲客观事实并借助中国网络大V和部分网民之口向世界散播中国谣言。在乌克兰战争中，西方敌对势力利用国际舆论曲解中国对外政策，挑拨中俄关系、中乌关系，诋毁和丑

①习近平. 高举中国特色社会主义伟大旗帜　为全面建设社会主义现代化国家而团结奋斗：在中国共产党第二十次全国代表大会上的报告[M]. 北京：人民出版社，2022.

②中共中央关于党的百年奋斗重大成就和历史经验的决议[M]. 北京：人民出版社，2021.

化中国国际形象，破坏中国外部发展环境……这种潜藏在文化层面之争从未停止，对我国开展文化自信教育，增强整体文化的领导力和感召力带来较大阻力。

（三）坚定文化自信是不断拓展党的文化创新理论的现实需要

中国共产党带领中国人民在探索革命、建设和改革道路中不断拓展了文化发展的理论。新中国成立后，我党积极探索社会主义文化。社会主义建设初期，确立了"古为今用，洋为中用"的文化方针，后来逐渐衍生为"尊重知识、尊重人才"的文化发展政策。随着社会主义市场经济的不断发展，党和国家提倡抵制腐朽文化、改造落后文化以及发展社会主义先进文化的议题。在构建和谐社会过程中，党和国家提出要构建社会主义现代化强国并为此制定了发展目标。新时代以来，中国共产党在洞悉党情、国情、民情的基础上，顺应时代发展趋势，不断满足人民日益增长的精神文化需要，因而提出推进社会主义文化大发展大繁荣。由此，党和国家重视对中国精神、中华优秀传统文化、中国特色社会主义文化的宣传和培育，不断形成了党的一系列文化创新理论。尤其是十八大以来，党中央将文化自信提升到同道路自信、理论自信、制度自信同等的高度，更加全面地、系统地、科学地阐释文化自信的本质和内涵，充分展现了党和国家对中国文化发展的高度重视。文化自信的提出和运用是中国共产党文化理论在新时代的进一步创新性发展。因此，深刻挖掘文化自信的内涵，深入研究文化自信是丰富发展党的文化理论的重要表现。

二、研究意义

本研究从继承和发扬中华优秀传统文化入手，通过对新时代坚定文化自信的理论进行研究。针对解决新时代坚定文化自信所面临的机遇和挑战，具有一定的理论意义和现实意义。

从理论的角度来看，党和国家领导人非常重视文化自信的问题。虽然当前的学术界对文化自信的内涵、依据来源、本质特征、时代价值和应用价值等方面进行研究，但是与文化自信领域的整体需求相比，关于新时代坚定文化自信全面分析的文章数量仍然较少。通过整理坚定文化自信的相关理论，对新时代坚定文化自信的内涵、价值和正当性进行分析，阐明新时代坚定文化自信所面临的机遇与挑战并提出相应的实现路径，可以完善这一领域理论研究的不足，为相关研究提供必要的参考。

从实践的角度来看，研究基于实践应用。本研究旨在有利于社会主义文化建设，有助于提高新时代人民的文化素养和文化自信。一方面帮助人民树立文化自信；另一方面在应对外来文化冲击下能拥有防御力[①]。分析新时代坚定文化自信所面临的机遇与挑战，可以科学地找出如何坚定文化自信的现实路径，对于人民正确对待中华文化、树立正确的文化自信观等都具有意义。

第二节　国内外研究现状及述评

国内就文化自信的内涵、依据来源、本质特征和时代价值等方面进行了研究，国外就文化和文化软实力、文化认同、文化竞争、文化冲突、文化反思等方面进行了研究，为本文研究提供了研究的依据和意义。

一、国内研究现状及述评

自党的十九大以来，关于文化自信的研究在不断丰富，就研究内容而言，我国学者对文化自信理论方面进行了深入的研究和探讨，取得了一系列具有代表性的成果。但就研究方法而言，实证研究还有研究的空间。尤其在关于新时代习近平文化自信思想和相关研究成果的研究仍不太深入。

---

①王明生.坚定文化自信与自觉：中国共产党吸收外来文化的基本立场和价值遵循[J].西北工业大学学报（社会科学版），2021（4）：71-78.

（一）关于文化自信内涵的研究

关于文化自信内涵的研究方面有主张传统文化、高校德育和马克思主义思想三个方面的研究。第一，主张传统文化为我国文化自信的内涵。以杨欣和肖育苗为代表，指出："中华民族的文化自信源于历史、革命文化和先进社会主义文化的精髓。它植根于内在价值，并将在未来得到丰富和延续。"[①]第二，主张马克思主义思想为我国文化自信的内涵。以赵淑彦和王明娟为代表，指出："现阶段中国文化自信的核心是牢固把握意识形态话语权，坚定不移地坚持马克思主义思想就是文化自信的灵魂。"[②]第三，主张高校德育是我国文化自信的内涵。以冯爱琳和郄尚炜为代表，指出："无论是表层文化的自信还是深层文化的自信，所有文化自信的起源和起点都在高校德育的文化自信。"[③]路径选择的价值，要将文化自信与价值自信的辩证统一结合起来进行分析和论证，如果无法建立价值自信，就不会有文化自信。

（二）关于文化自信依据来源的研究

关于文化自信依据来源的研究有主张传统文化、马克思主义理论和历史的发展三个方面。第一，主张传统文化为我国文化自信的来源。以叶旋为代表，指出："20世纪以来中国经济发展的心理过程以及近三十年来创造的巨大物质财富，这也是其培育和发展的基础。在这个阶段发展新的文化自信，它具有极其坚实的基础和极大的信心。"[④]第二，主张马克思主义理论为我国文化自信的来源。以李滨雁为代表，指出："在这样的社会制度下，中国坚持具有中国特色的社会主义和文化信任。党和人民坚定地相信马克思主义理论，并形成了相应的文化自信的基

---

①杨欣，肖育苗.习近平"又红又专"思想的新内涵及贯彻[J].法制博览，2019（14）：274-275.

②赵淑彦，王明娟.文化自信与承德地域文化的挖掘与传播研究[J].河北民族师范学院学报，2019（2）：23-27.

③冯爱琳，郄尚炜.文化自信与高校德育工作的路径选择[J].河北民族师范学院学报，2019（2）：108-113.

④叶旋.从"技能本位"到"德技并修"：传统文化融入高职专业教育的路径探究[J].金华职业技术学院学报，2019（3）：17-21.

础。"①第三，主张历史的发展是文化自信的来源。以刘雪花、万志全、黑启明为代表，指出："文化自信不是内在的或不是一朝一夕就能实现的，它的产生和发展也需要经历一个过程，需要不断接受中国特色社会主义实践的考验，并受到历史的青睐和认可。"②

（三）关于文化自信的本质特征的研究

关于文化自信的本质特征的研究主要有对"三大文化"的理解、文化的主观性、传统文化的包容性和传统文化的创新性作为我国文化自信的本质特征四大方面。第一，主张对"三大文化"的理解为文化自信的本质特征。以马俊峰、刘殷君为代表，指出："文化自信的本质特征不是对民族文化的盲目信任和盲目服从，而是基于对中华民族传统文化的正确认识和理解。以及对现代中国文化中长征精神的改革精神，进取精神和空间精神的新诠释和理解。"③第二，主张文化的主观性为文化自信的本质特征，以马光霞为代表，指出："自信心作为一种心理现象，在主体与主体之间具有互动关系。它的形成和发展处于稳定的心理特征过程中，即通过客观活动的信念和肯定而形成的自我文化。我们应该对过程有一个全面的了解，并可以指导和控制其中的变量。"④第三，主张传统文化的包容性作为我国文化自信的本质特征。以邵雍为代表，指出："异质文化的交流与对话，在当今大时代的背景下，尤其是在不可逆转的趋势下，在全球化的背景下，文化之间的碰撞与融合是必然的过程，中国文化具有包容性和理性的思想，可以适应全球化趋势，促进文化之间的国际交流。同时，我们也可以借鉴国外文化在国际文化交流中的进步，弥补全国中华文化的某些缺陷和不足，实现互利共赢，建设先进的

---

①李滨雁.新时代文化自信融入高等院校思政教育研究[J].经营管理者，2019（5）：103-105.
②刘雪花，万志全，黑启明.高校思想政治教育中的文化自信研究[J].学理论，2019（5）：164-166+171.
③马俊峰，刘殷君.以习近平新时代中国特色社会主义思想引领马克思主义学院建设[J].思想政治课研究，2019（2）：4-7+12.
④马光霞.立足本土　构建高校思政课特色实践育人模式[J].思想政治课研究，2019（2）：79-83.

社会主义文化。"①第四，主张传统文化的创新性作为文化自信的本质特征。以鲍书芳为代表，指出："中国特色社会主义道路决定了中华民族对中华民族文化的信心。相反，传统文化必须在继承的基础上进行创新，保持革命文化的精神，彰显先进的社会主义文化，并将中国从'文化大国'转变为'文化强国'。"②

（四）关于文化自信时代价值的研究

关于文化自信时代价值的研究主要有主张理论价值、实用价值两大方面。第一，主张理论价值方面，以周妤为代表，指出："文化自信是马克思主义中国化理论的升华和凝聚力，是马克思主义中国化的理论基础。"③第二，主张实用价值方面。以程莉莉为代表，指出："文化自信的突出价值在于提升青年学生的文化自信。"④

综上所述，我国学者对文化自信研究较多，但是对新时代文化自信路径的研究并不是十分充分。目前，大多数研究主要是基于党和国家领导人关于文化自信的相关讨论，以此作为相关分析和论证的起点，而关于机遇与挑战的分析可以明确坚定文化自信面对的现实问题，有助于坚定文化自信的路径研究。近年来，许多具有独特文化自信的研究方法层出不穷。这些理论成果和实践经验为本文的研究提供了重要的理论依据，也为本文的撰写提供了重要的参考。

二、国外研究现状及述评

关于国外的研究主要集中在文化和文化软实力、文化认同、文化竞争、文化冲突以及文化反思的研究五个方面，根据国外对文化的研究，为我国文化自信的研究奠定了基础，同时为新时代坚定文化自信的路径

①邵雍. 学习习近平总书记3·18重要讲话有感：以如何上好党史类课程为例[J]. 思想政治课研究，2019（2）：38-43.

②鲍书芳. 从社会热点的角度探索十九大精神融入思想政治进程的路径[J]. 思想政治课研究，2019（2）：44-47+43.

③周妤. 红色歌曲融入高校思想政治教育研究[J]. 思想政治课研究，2019（2）：48-52.

④程莉莉. 新时代青年学生地方文化自信缺失的困境及消解[J]. 广东石油化工学院学报，2019（2）：86-90.

研究提供了方向，形成了一定的文化认同并积极吸收利用。

（一）关于文化和文化软实力的研究

关于文化和文化软实力研究主要通过研究文化概念来理解文化的定义和通过文化的价值方面来研究两个方面。第一，通过研究文化概念来理解文化的定义。具有代表性的是英国人类学家爱德华·泰勒，他通过分析人类的行为、习惯和才能，确定了文化的概念并从不同的文化中获得了一定的理解，这些行为、习惯和才华仅仅是文化定义的信念和其他方面，本文总结了具体的文化定义，确认文化是人类社会不可或缺的一部分，并从财富、精神和物质文化两个方面分析得出结论：人类文化在历史发展中的地位越高，越能促进人类不断追求精神和物质财富的进步。第二，通过文化的价值方面来研究。早在20世纪90年代，美国哈佛大学教授小约瑟夫·奈分别在《政治学季刊》和《外交政策》上提出"软实力"的概念，首次提出综合国力既包括由经济、科技、军事实力等的硬实力，也包括以文化和意识形态吸引力体现出来的软实力。综上所述，国外学者对文化的研究始于文化研究，这是从不同角度进行基本路径分析和理解文化自信的必要条件，提供了重要依据。文化软实力的研究丰富了日常研究的内容。从文化软实力研究的角度来看，美国根据其综合国力，文化意识形态下软实力与硬实力的相关性，提出了概念并分析了文化软实力的基本内容，促进了文化软实力的持续发展。

（二）关于文化认同的研究

关于文化认同的研究主要通过地域区分的视角探讨、通过文化差异本质的视角来探讨和以后现代主义的视角来探讨三大方面。第一，通过地域区分的视角探讨。比较有代表性的人物是来自英国的马克思主义理论家特里·伊格尔顿曾提出，"文化认同的前提是由三部分构成的，分别为一个人出生的社区、所处的语言群体、当地的社会风俗"。第二，通过文化差异本质的视角来探讨。比较有代表性的人物是来自美国政治家塞缪尔·亨廷顿曾对文化认同进行了具体的分析，对于大众文化认同是很有意义的，各国人民的主要差异来自文化的差异而非意识形态，从而导致了文化冲突。通过对文化差异和非意识形态中的文化冲突进行基本的了解，促进了文化认同在人类思想中的不断发展，结合文化认同的复杂变化，来形成一定的移动方向，从而形成在现代社会中将文化认同与西方社会的发展不断地联系起来，重新认识宗教思想、独立团体和民主制度，对文化身份进行基本了解和不断沟通。第三，以后现代主义的视角来探讨。美国著名人类学家乔纳森·弗里德曼在《文化认同与全球性过程》一书中指出："现代性移向东方，将后现代性留在它的衰落中；当现代主义认同在西方日益变得无用时，宗教复兴、族群复苏、寻根和民族主义重新出现。"

（三）关于文化竞争的研究

关于文化竞争的研究主要从国家意识形态的视角探讨和以文化作为软实力的角度来探讨两大方面。第一，从国家意识形态的视角探讨。具有代表性的是来自印度学者阿帕杜莱的研究中获得相关理论，根据阿帕杜勒对文化竞争中文化和其他意识形态内容的不断分析，对文化软实力的代表性资源分析形成一定的文化，对国际转型和全球格局的持续分析过程形成一定的持久文化竞争，外国研究的关键资源通过与其他国际行为守则不同地对待文化，促进了国内文化资源的发展。第二，以文化作为软实力的角度来探讨。认为文化作为软实力，与政治、经济和军事息息相关，一个国家的文化的普遍性和它支配国际行为的规范、规则和条例的能力代表了该国实力的关键资源。以文化为中心的软实力将继续在国际关系转型和全球格局中发挥重要而持久的作用。

（四）关于文化冲突的研究

关于文化冲突的研究主要以"文明冲突论"为出发点探讨和以经济发展带来的负面影响为出发点探讨两大方向。第一，以"文明冲突论"为出发点探讨。以美国政治学家塞缪尔·亨廷顿提出的"文明冲突论"影响最为突出，他认为，"人类的最高、最大的文化发展层面就是文明，文化共性是人们之间合作与发展的基础，而文化差异则是产生国家之间战争和冲突的根源"。第二，以经济发展带来的负面影响为出发点探讨。塞缪尔·亨廷顿指出："盲目地发展经济全球化下，文化冲突越发严重，西方文化占主要地位，各国家地区的民族文化将越发消减，成为边缘文化。"

（五）关于文化反思的研究

关于文化反思的研究主要以价值观为出发点探讨。具有代表性的是来自美国学者索科利克在其《美国文化反思》一书中指出的"美国在经济、政治、文化、家庭等等方面给人灌输的美国文化价值观的态度和想法的反思"。

综上所述，国外关于文化的相关研究，在内容来说作了全方位的分析，包括经济、军事、政治、生活和教育等的理论和应用都有涉及。把文化自信作为研究主题相对较少，因为西方文化的自信早已经融入西方人每天的生活中。如：他们的"刀叉文化"即对抗文化；追求个人自由主义；他们祷告上帝忏悔；他们几乎每个家庭都用枪来捍卫自己的人权；等等。这些行为已经深植于每一代人心中。而这一切都和中国的"筷子文化"即"和合文化"截然相反。

第三节　研究方法与创新之处

本文基于新时代坚定文化自信的研究背景及现状的实际应用，对坚定文化自信相关理论从多维角度进行总结分析，在此基础上提出坚定文化自信的内涵、价值和正当性等内容，通过对新时代坚定文化自信所面临的机遇与挑战的分析，探讨新时代坚定文化自信的主要路径。

一、研究思路

首先，本文通过文献整理发现文化自信和坚定文化自信对中国提升文化软实力之间的重要关系，即"是什么"。其次，一方面针对文化自信现状，通过理论分析和文献整理，了解我国坚定文化自信的内涵，另一方面针对新时代坚定文化自信的正当性和价值进行研究，为进一步了解所面临的机遇与挑战作支撑，即"为什么"。最后，进行问题的整理分析，找出问题的原因和切实可行的路径，即"怎么做"。

二、研究方法

文献研究法：利用中国知网、万维网以及国家哲学社会科学文献中心等平台，结合当前国内外在文化自信方面的研究，将相关的文献进行了收集、整理并加以分析，通过对前人经验和研究成果的总结，为本研究的开展奠定坚实的理论基础，并明确自身研究的基本思路和方法。

三、创新之处

第一，选题较新。自党的十九大召开以来，"新时代""文化自信"分别成为学界的研究热点，但目前直接探讨研究新时代坚定文化自信的文章还没有。本文正是尝试研究新时代坚定文化自信的路径的书籍，从"担当民族复兴大任"的战略高度出发，结合新时代背景下中国特色社会主义文化建设的现实要求，在进行创新性研究的同时突出现实针对性。

第二，路径较新。本文从宣传思想工作的大局切入，不同于以往仅仅局限在具体教育层面的探讨，关注的主体也不仅仅是青少年教育的问题，而是涉及包含了宣传思想工作的全部对象。结合新时代文化自信应坚持的基本原则、中国共产党对文化的领导权等方面去探讨、分析，以宏观的理论分析对新时代坚定文化自信的路径展开全方位研究。

第二章　新时代坚定文化自信的理论渊源

新事物和新理念的产生是多重因素共同作用的结果，党和国家大力提倡文化自信是符合中国国情和发展实际的重要命题，中国文化自信从根本上阐述了中国文化是什么、文化的缘起以及发展的方向和目的这一整体性的哲学反思。文化自信的形成发展需要相关理论提供经验指导和价值指引，因此，深入挖掘文化自信的理论渊源，深度剖析文化自信的来源出处，为新时代文化自信奠定深厚的理论基础。

第一节　马克思主义经典作家关于文化的理论阐述

新时代坚定文化自信要回顾社会主义文化发展历程，社会主义文化发展是中国共产党集体智慧的结晶。文化自信并不是凭空捏造和独立创设出来的，文化自信建立在充分的理论和实践基础之上，因而，探究文化自信的理论基础至关重要。进一步研究马克思、恩格斯对于文化自信理论的阐述，列宁关于文化自信的相关论述，葛兰西文化领导权相关理论借鉴等等这些马克思主义文化理论，能够为我们理解中国文化自信提供理论依据和实践参考。

一、马克思恩格斯关于文化自信理论的阐述

马克思恩格斯论述文化相关理论可以从《共产党宣言》中找出依据。《共产党宣言》是马克思主义最为经典的著作，是指导共产党不断奋进的纲领性文献，是马克思主义产生的标志性文献。《共产党宣言》自发表以来，在广大无产阶级群体中产生巨大反响，这部文献为无产阶级政党提供了马克思主义理论基础，指引着无产阶级不断同资产阶级进行革命与斗争，更是在人类历史发挥着极其重要的作用，为被压迫民族争取民族解放提供了经典的指导思想。《共产党宣言》中对资本主义的辩证剖析以及对共产主义社会的畅想，为人类社会发展指明了方向。《共产党宣言》中既蕴含着丰富的经济、政治等思想，同时也包含无可比拟的文化发展思想，研究《共产党宣言》中的文化发展，对于我国文化建设具有极其重要意义。

第一，基于经济基础上文化发展的可能。马克思恩格斯将唯物主义应用到历史中，创造了历史唯物主义，"从社会生活的各个领域中划分出经济领域来，从一切社会关系中划分出生产关系来，并把它当作决定其余一切社会关系的基本的原始的关系"[①]。一定意义上说，在各种社会关系中，生产关系这种物质关系是最主要和最基本的关系，由此，经济发展是文化发展的基础。经济发展好坏决定着文化发展的前景，文化发展的优劣会对经济造成相应影响。一方面，经济的发展带来人们物质生活条件的改善和进步，能够进一步促使文化发展达到欣欣向荣的局面。另一方面，经济发展能够使国力强盛，继而国家在文化发展建设中的投入不断增多，文化不断实现创新。与此同时，反作用于经济的文化，要不断调整和变革不适用于经济基础要求的部分，以发挥其助推经济发展的作用。恩格斯指出："贯穿'宣言'的基本思想：每一历史时

---

①中共中央马克思恩格斯列宁斯大林著作编译局. 列宁选集：第1卷[M]. 北京：人民出版社，2012.

代的经济生产以及必然由此产生的社会结构，是该时代政治的和精神的历史的基础……"①《共产党宣言》中论述了资本主义经济产生发展的过程和趋势，经济生产的影响力巨大，每一历史阶段的文化发展都离不开经济发展的基础性影响。资本主义的巨大生产力推动资本主义经济发展，资本主义文化大发展在人类历史中确实冲击了专制与愚昧的封建文化，使科学、自由、民主得到进一步传播，然而资本主义固有的矛盾性问题，使在全球发展中的资本主义文化带有自身弊端，资本主义文化借助资本主义实力在全球文化圈进行"称霸"，进而资本主义"文明"在全球范围内"扩张"。资本主义文化被强制性灌输给被压迫民族和地区的人们，造成部分民族和国家本民族文化受到损害甚至中断，这种体现私有性性质的资本主义文化进一步阻碍了世界文化所要求达到的互惠交融状态。

第二，具有阶级属性的文化发展脉络。阶级的产生与社会生产发展的历史阶段相联系，生产力的发展促使私有制产生，同时阶级等级开始划分，不同阶级因所处层次不同、利益发展不同而产生纷争。一定历史阶段上，阶级间不同关系不仅存在于经济领域，也存在于人类精神生活甚至存在于文化之中，因而，文化发展带有一定阶级属性。"至今一切社会的历史都是阶级斗争的历史……从封建社会的灭亡中产生出来的现代资产阶级社会并没有消灭阶级对立。他只是用新的阶级、新的压迫条件、新的斗争形式代替了旧的"。②阶级属性的存在，也就预示着各历史阶段文化间的碰撞、争斗的实质也是阶级斗争。马克思恩格斯在他们的著作中研究过人类社会历史阶段，在人类历史发展出现阶级后，社会阶级的相互斗争从未停止，奴隶文化、封建文化、资本主义文化等各种文化在不断挑战和反对以往旧文化基础上，建立着代表自身阶级的"先进文化"，使自身阶级发展具有文化领域和精神生活上的合理合法性；使本阶级文化能够在社会意识中得到宣扬和传播，抢占统治地位，从而反

①马克思恩格斯文集[M].成都：四川民族出版社，2020.
②马克思恩格斯文集[M].成都：四川民族出版社，2020.

作用于自身经济、促进本阶级经济发展。

第三，日益全球化的文化发展态势。马克思恩格斯客观辩证地评价了资产阶级，他们认为资本主义一定程度上促进了世界各民族文化相互交融与共同发展。资产阶级在开辟世界市场、攫取世界经济利益的过程中也打破了各民族文化间的封闭发展状态，使不同民族文化间交流更具有全球化交往的趋势。"资产阶级，由于开拓了世界市场，使一切国家的生产和消费都成为世界性的了……过去那种地方的和民族的自给自足和闭关自守状态，被各民族的各方面的相互往来和各方面的相互依赖所代替了。物质的生产是如此，精神的生产也是如此。各民族的精神产品成了公共财产。民族的片面性和局限性日益成为不可能，于是由许多民族的和地方的文学形成了一种世界文学"。①在马克思恩格斯所处的时代，文化的全球化趋势发展更加明显，任何民族文化无论是基于主导或被主导地位都不断主动或被动卷入世界文化大潮流中，成为世界文化格局中的一部分。世界市场的形成打开了文化碰撞的大门，逐渐更新的生产工具以及便利的交通使各民族文化朝着全球化趋势发展。资产阶级文化的全球性推进，促使其他民族国家接受资产阶级"文明"，许多国家的本民族文化或早或晚都融入世界文化的全球化趋势中。资产阶级在世界推行资本主义过程中，也打开了不同文化的"水阀"，使各民族文化汇入一处，加入了全球化趋势中。

第四，复杂性多维式文化发展历程。"这些原理的实际运用，正如《共产党宣言》中所说的，随时随地都要以当时的历史条件为转移"。②恩格斯在1872年德文版序言中对《共产党宣言》作了实事求是的分析，他提出研究文献要随时代发展，随实际情况具体问题具体分析，没有完全正确的理论适用于所有情况，要依照实际情况应用马克思主义理论知识。一方面，资本主义文化发展出现新情况。无产阶级大革命趋势没有过早到来，无产阶级和资产阶级矛盾冲突得以缓和（资本主义自我调控

①马克思恩格斯文集[M]. 成都：四川民族出版社，2020.
②马克思恩格斯文集[M]. 成都：四川民族出版社，2020.

缓解了经济矛盾），资本主义经济实现稳步发展，资本主义文化依旧居于较高地位而没有衰败，这一现状使得我们需要重新看待资本主义文化在这样一段时间里的发展过程。况且，资产阶级从未放弃对无产阶级的威逼利诱，他们使用各种手段对无产阶级成员进行潜移默化的诱惑和拉拢，这些手段不乏采取文化渗透等方式。另一方面，文化发展具有历史长期性。奴隶文化、封建文化等，每一历史时期的文化几乎都在人类社会存在上千年，甚至现如今部分地方还会受其影响。对于资本主义文化存在时长以及无产阶级创造的社会主义文化的发展还是要有一个长期性的认知。文化发展对人类潜移默化和深远影响是不可能短时间被彻底改变的，所以要充分认识文化发展存在的长期性和复杂性。

第五，最终走向共产主义的文化发展前景。马克思恩格斯科学地预见未来社会发展将走向共产主义社会。"代替那存在着阶级和阶级对立的资产阶级旧社会的，将是这样一个联合体，在那里，每个人的自由发展是一切人的自由发展的条件"。①这个社会中没了剥削和压迫，私有制消失，阶级和国家将不复存在，每个人的自由发展将会是一切人自由发展的前提。在这样的社会中，物质极大丰富，文化高度发展，这就意味着文化能够为广大人类所自由选择和接受。人们不再为了生存而去学习和工作，而是为了自己想要锻炼体魄、丰富自己的精神生活而去选择自己感兴趣的事情去做。在共产主义社会中，文化的发展是基于各种先进文化的百家争鸣和百花齐放，文化发展具有自由性和多样性，而不再代表某一阶级利益。虽然马克思恩格斯未曾在著作中明确阐述共产主义社会中文化发展，但高于资本主义社会发展的物质极大丰富的共产主义社会必将带来文化上更为先进和自由的发展。这与中华优秀传统文化中的"大同"思想有异曲同工之处，人的自由全面发展必然表现为人在文化需求层次的全面满足，世界文化发展呈现更加繁荣和兴盛的局面。

二、列宁关于文化自信相关理论的概述

列宁关于文化相关论述是对马克思恩格斯文化思想的继承与发展。

---

①马克思恩格斯文集[M].成都：四川民族出版社，2020.

马克思认为，人的本质就是一切社会关系之总和，它离不开客观存在着的人类纯感官性能与生命需要。马克思恩格斯在文化思想上对黑格尔理性决定论以及费尔巴哈抽象人性论进行了进一步批判。马克思恩格斯提到民族文化，他们认为民族是普遍存在的，民族形成是社会历史发展中的一种自然现象。民族文化并不容易走下坡路，恰恰相反，民族文化作为一个民族不可忽视的文化形态，它的持续发展同时又是历史的持续发展和反映。列宁继承马克思恩格斯文化思想，认为旧唯物主义具有局限性，是因为它不坚持哲学唯物主义而运用唯心主义因素，因此，我们应该贯彻唯物主义理论，并理解所谓社会思想是以人与人进行社会交换而形成的社会关系为基础，必须从客观实际入手，并应根据时代发展和国情，对社会现象与社会活动进行分析，进而充实文化发展的内容，展开对人类社会文化的进一步研究。列宁关于无产阶级文化相关论述较多，他的主要观点涉及以下几点：一是他强调要重视生产力，为文化发展提供物质基础；二是他主张要批判性继承传统文化；三是他认为文化同化是时代发展趋势；四是他倡导吸收借鉴资本主义优秀文化；五是他强调要加强对青年的共产主义思想道德教育，为巩固政权和促进文化发展提供社会力量。

一是强调发展生产力，为苏俄社会物质文化发展打下基础。工人革命获得政权以后，最重要的任务就是最大限度地提高生产力总量。列宁强调指出，无产阶级夺取政权以后，最根本的任务就是"提高劳动生产率"[①]，这就成了新经济政策所要实现的历史使命。该政策产生于苏俄社会生产力比较落后，"战时共产主义"政策与社会生产力发展不相适应的大背景之下，列宁意识到工人与农民都处在穷困潦倒、疲于奔命之中，制定国家发展政策需从客观实际情况出发。在农业发展过程中，列宁认为采用余粮征集制这种"直接的共产主义办法阻碍了生产力的提高"[②]，因此，他主张要具体问题具体分析，通过调查农民农业种植和

①列宁. 列宁选集[M]. 北京：中央编译出版社，2022.
②中共中央马克思恩格斯列宁斯大林著作编译局. 列宁全集：年表卷　上[M]. 2版. 北京：人民出版社，2020.

生产的诉求以及农民种植的具体特点，决定实行粮食税进而满足农民发展农业生产的需要，调动农民生产积极性，进而使苏维埃俄国农村生产力得以重振和发展。在工业领域发展中，"大工业是向社会主义过渡的基础"①，即在苏维埃社会生产力发展中，工业化生产是最为重要的环节，因此尽快实现国家工业化发展是社会主义制度得以贯彻和发展的前提和基础。在资本主义和商业领域中，关于如何对待资本主义，列宁指出了要点和解决办法，他提出要将资本主义"作为提高生产力的手段、途径、方法和方式"②，还要在一定条件下采用多样化方式方法"活跃商业、小企业、资本主义，审慎地逐渐掌握它们"③，这些对于运用于苏维埃俄国的经济政策一定程度上实现了对马克思恩格斯提出的社会主义消灭"商品和货币"的传统思想进行了批判性继承和创新性转化。总之，列宁所倡导的新经济政策在当时是极为成功的，这一政策使苏俄的农业、工业、商业等很快恢复常态，并对国民经济整体性发展起到促进作用，生产力逐渐强大。良好的经济发展更是为苏俄文化发展奠定了较好的物质基础，尤其是在马克思主义指导下，苏俄在努力构建属于苏俄的文化发展系统，不断对苏俄民众进行文化培育，逐渐形成良性循环，进而巩固和发展了工农联盟和苏俄无产阶级专政。

二是要批判性地传承传统文化。因为文化具有时代性、民族性和阶级性的特点，并且随着社会的发展，文化展现出传统与现代之间的差异。在《我们拒绝什么遗产？》一文中，列宁明确强调了处理传统文化和文化遗产时，应采取批判性继承的态度。他还对代表自由主义民粹主义的米海洛夫斯基等人的攻击进行了回应，这些人批评苏俄的马克思主义者拒绝继承遗产，与俄国的优秀传统文化断绝联系。列宁坚决反驳了这种观点，认为米海洛夫斯基混淆了不同类型的遗产，特别是启蒙运动

①中共中央马克思恩格斯列宁斯大林著作编译局.列宁全集：31[M].2版.北京：人民出版社，2017.
②中共中央马克思恩格斯列宁斯大林著作编译局.列宁全集：31[M].2版.北京：人民出版社，2017.
③中共中央马克思恩格斯列宁斯大林著作编译局.列宁选集：4[M].北京：人民出版社，2012.

者的遗产与民粹主义者的遗产之间的区别。存在两种遗产观念。一是启蒙思想的遗产，这种遗产彻底反对一切改革前的事物，支持欧洲的理想和大众利益。另一种则是民粹主义的遗产，这主要是对抗资本主义的先进文化，坚守民族文化的特性和独特性，带有文化保守或文化复古的倾向，并对民族文化有着浪漫化的理想。列宁指出，马克思主义者在保护文化遗产时的态度应与仅仅存放旧文件的做法有所不同，不应是静态的、机械的或狭隘的。在处理文化遗产时，我们不应该全面拒绝或全面接受，要分别对应文化虚无主义和文化复古主义的态度。相反，我们应当结合当前国家的实际情况，以辩证唯物主义和历史唯物主义为导向，批判性地继承民族的文化遗产。

三是文化同化是符合人类历史和时代发展的必然趋势。1913年年底，俄国经历了关于民族问题的激烈辩论。列宁的观点是历史进程中的文化同化并非个人选择，而是一种必然。列宁提出："民族生活和民族运动的觉醒，反对一切民族压迫的斗争，民族国家的建立，这是其一。各民族彼此间各种交往的发展和日益频繁，民族隔阂的消除，资本、一般经济生活、政治、科学等等的国际统一的形成，这是其二。"①这是在资本主义的早期和成熟阶段，出现的两种主导趋势。正是因为不同民族之间的交流日益加深以及经济、政治和科学等领域的国际化，才形成了"共同文化"，即文化同化。列宁批评了资产阶级和崩得分子（俄国工人运动中代表民族主义和分离主义的派别）反对民族同化的手段，他认为这违背了社会发展的自然规律，并试图逆转历史潮流。一个民族的解放和平等，若没有各民族无产阶级的协作及联合，没有形成"共性文化"与"一致性文化"，则难以实现。

四是要正确处理资本主义优秀文化，防范错误的社会思想侵袭和腐蚀。在苏维埃俄国，由于文化整体水平较低，传统社会的许多弊病仍然盛行，因此振兴文化、促进苏维埃俄国经济的复苏，关键不在于创造一

---

①中共中央马克思恩格斯列宁斯大林著作编译局.列宁选集:2[M].北京：人民出版社，2012.

个全新的所谓社会主义文化，而在于正确理解并积极借鉴资产阶级的优秀文化。文化的发展需要时间的沉淀和积累。在社会主义建设过程中，也不能与人类文明脱节。列宁强调，无产阶级文化并不是凭空出现的。资产阶级文化和无产阶级文化并不是完全对立的，"我们没有别的材料。我们要立刻用资本主义昨天留下来可供我们今天用的那些材料来建设社会主义"①。列宁深刻指出，十月革命后，国家并没有立刻变得先进和进步。我们必须认真学习和吸纳资本主义中的优秀文化元素，并对资产阶级文化中的前瞻性和杰出成分进行辩证的接受。列宁深刻地理解到，孤立地或单方面地推进社会主义发展是不可行的，这种做法只会使社会主义建设成为无根基的幻想。他不仅强调对传统文化的继承和创新，还强调了吸收资本主义中优秀文化的重要性。文化建设是一个长期的过程，不可能一蹴而就。20世纪初，受政治、经济以及国内外各种势力的影响，各种思想流派纷纷涌现，包括一些非马克思主义或反马克思主义的流派。如果不对这些错误的思潮进行坚决的斗争，它们很可能侵蚀民众的思想，破坏苏维埃文化的基础。列宁一贯大力反对各种错误的意识形态，从而推进了苏联文化思想的发展。在这一努力中，他强调了文化发展的重要性，它不是对过去文化遗产的否定，而是对人类伟大文化成就的深刻拥抱和掌握。他辩证地处理了文化领域内新旧之间的动态，强调了文化进化的连续性。通过这种方法，列宁将马克思主义文化理论与苏俄的具体现实相结合，从而在民众中传播了社会主义文化的价值，他通过鼓励广大民众发挥主观能动性进而坚持正确的价值观，使人们有效地辨别和抵制错误的意识形态的能力得到进一步提升。

五是要强化对青年的共产主义思想道德教育。苏维埃政权初建时期，布尔什维克要面对和解决的问题以及任务较多，这些任务中一项极为重要的任务是关于如何培养新一代社会主义接班人。列宁认为，共产主义教育是社会主义建设中的重要前提，更是社会主义文化发展的基础，布

---

①中共中央马克思恩格斯列宁斯大林著作编译局.列宁全集：第36卷　1919年3—6月[M].2版.北京：人民出版社，2017.

尔什维克要想巩固政权，实现社会主义长久发展，就要将共产主义教育贯彻到群众中尤其是青年群体中。因此，要加强对青年人的共产主义教育，提升他们的思想道德品质。"应该使培养、教育和训练现代青年的全部事业，成为培养青年的共产主义道德的事业"。①除此之外，在《青年团的任务》中，列宁更是系统论述了共产主义对于青年的重要性以及党和国家采取什么样的措施对青年进行共产主义教育。这些论述不仅是列宁的自主创新性理论，更是成为进一步拓展马克思主义关于人的本质以及人的自由全面发展理论的创造性发展。"真正建立共产主义社会的任务正是要由青年来担负"。②青年是社会的中坚力量，列宁认为，在苏俄，布尔什维克建立政权后，势必需要众多的青年来建设和发展苏维埃。因此，强化对青年的共产主义以及思想道德教育十分重要。一方面，鼓励和支持青年充分学习共产主义理论知识。"资本主义旧社会留给我们的最大祸害之一，就是书本与生活实践完全脱节"。③列宁认为，广大青年要重视实践，提醒他们不能将学习马克思主义理论知识只停留在纸面上，要将理论学习同实践工作和实际生活相结合，将马克思主义和党的理论知识用于指导自身生活实践。另一方面，要强化对青年的共产主义道德教育。列宁认为，共产主义道德不只是一种社会意识形态，也不只是对群众进行教育影响的重要形式，更是马克思主义关于社会主义革命、无产阶级专政以及社会主义、共产主义建设规律学说的重要组成部分。共产主义道德是苏俄无产阶级意志的重要体现，与此同时，这种道德还是维护苏维埃政权并为苏维埃建设服务的意识形态，更是无产阶级所宣扬的战胜资本主义社会，取得共产主义胜利和无产阶级文化建设事业成功的重要力量所在。因此，强化对青年共产主义道德教育，引

①中共中央马克思恩格斯列宁斯大林著作编译局.列宁选集：4[M].北京：人民出版社，2012.

②中共中央马克思恩格斯列宁斯大林著作编译局.列宁选集：4[M].北京：人民出版社，2012.

③中共中央马克思恩格斯列宁斯大林著作编译局.列宁选集：4[M].北京：人民出版社，2012.

导广大青年积极投身于共产主义事业之中，为共产主义伟大事业贡献自身力量。

三、葛兰西关于文化自信相关理论阐述

葛兰西认为市民社会是文化领导权发展的重要阵地，无产阶级想要取得文化领导权，需要全面分析市民社会中的实践基础即群众的重要性。他从实践哲学出发，论证无产阶级掌握文化领导权的理论正确性。他强调无产阶级要采取灵活方式争取群众文化认同进而掌控文化领导权，达到实现无产阶级全面领导的目的。

（一）文化领导权实践主体：基于市民社会的群众及有机知识分子

统治阶级掌握文化领导权要有群众基础。葛兰西在论述文化领导权的实践主体时，认为市民社会是文化领导权的培养基地，有机知识分子是统治阶级掌控文化领导权的有力支持者，绝大多数社会群众是统治阶级掌控文化领导权而极力争取的对象，是文化领导权的实践主体，而群众的"同意"对无产阶级掌握文化领导权极为关键。

市民社会是文化领导权发展的培养基地。葛兰西对市民社会理论的研究，是在马克思的国家学说基础之上，深入研究市民社会与政治社会的密切关系而进行的深度创新。一方面，葛兰西强调市民社会的重要性。马克思曾批判黑格尔的国家本位主义指出："黑格尔想使'自在自为的普遍东西'——政治国家，不由市民社会决定，而是相反，是它决定市民社会。"[1]马克思反对夸大国家的作用，他认为市民社会才是历史发展的动力基础。"政治国家没有家庭的自然基础和市民社会的人文基础就不可能存在。"[2]葛兰西对市民社会的研究延续了马克思这一研究范式。他通过对比俄国十月革命胜利以及西方国家无产阶级革命失败的原因，发现双方社会结构存在较大不同。"在俄国，国家就是一切，市民社会处于原始状态，尚未开化；在西方，国家与市民社会关系得当，国

---

①马克思恩格斯全集：第3卷[M].北京：人民出版社，2016.
②马克思恩格斯全集：第3卷[M].北京：人民出版社，2016.

家一旦动摇，稳定的市民社会结构立即就会显露。国家不过是外在的壕沟，其背后是强大的堡垒和工事"。①资本主义发展越充分，国家影响力越小，市民社会发展越稳固。即便国家终结，市民社会依然存在和运行。另一方面，葛兰西将"市民社会"理论和上层建筑相融合。他认为市民社会既是统治阶级传播核心价值观的介质，又是国家教化功能的场域。"这个市民社会的活动既没有制裁，也没有绝对的义务，但是习惯、思想方式和行为方式、道德等方面产生具体影响，并且能够达到客观效果"。②正是利用市民社会的上层建筑属性，统治阶级将本阶级意识形态有组织、有计划地锻造成群众的"共识"，进而赢得群众支持。因此，谁重视市民社会中的群众，谁就能掌握意识形态领导权，将自己的思想、价值观念传播下去，影响群众的思想品质、道德观点。

市民社会中的群众是无产阶级文化领导权极力争取的坚定力量。市民社会中群众的"同意"对无产阶级掌握文化领导权极为关键。一是群众集体责任感高。当国家遭遇突发或重大灾难性事件时，群众因数量上占据多数，他们在遭受巨大影响中极易产生群体责任感，这种群体的社会责任感是群众异常强烈的心理状态，能够促使他们作出积极的行为选择，因此他们团结起来力量最为强大。二是群众力量强大且他们的集体意愿不可违逆。任何统治阶级领导权的建立不可任意妄为，统治阶级处于群众的监督之下，倘若违背群众的意愿，甚至严重侵害群众的群体利益便会导致统治危机。葛兰西认为，统治阶级领导权危机的产生是由于广大群众打破了政治消极状态。当群众的合理诉求难以满足而又受到压制时群众便会采取革命行动。统治阶级强迫群众服从统治阶级的领导，虽然短时间内能够形成表面统一的状态，但是一旦危害到群众切身利益，群众的阶级意识就会觉醒并努力脱离统治阶级领导，团结一致进行抗议甚至最终走向暴力革命。无产阶级需要洞悉绝大多数群众的心理并吸引他们参与文化的学习和创造，取得群众的认同并接受群众的监督。

③④安东尼奥·葛兰西.狱中札记[M].曹雷雨，姜丽，张跣，译.开封：河南大学出版社，2016.

有机知识分子是统治阶级掌控文化领导权的有力支持者。有机知识分子作为文化的创造者，能创造并传播思想和价值观念，并且随时代发展及社会形态变迁发生改变。有机知识分子不仅可从事脑力劳动，还能在复杂的社会关系中利用自身职能创造新的思想和价值，对社会结构起一定维护作用。葛兰西依据马克思人的本质论述重新阐释了有机知识分子的含义。马克思曾指出："人的本质不是单个人所固有的抽象物，在现实性上，它是一切社会关系的总和。"①人的本质具有特殊性和现实性。人在改变自身的过程中会相应地改变周围的社会关系，从而影响社会整体发展。"首先要研究人的一般本性，然后要研究在每个时代历史地发生了变化的人的本性。"②由此，葛兰西从人的社会性本质出发，将有机知识分子概念的界定置于社会关系中进行整体性考察。

　　创造知识和思想的有机知识分子是执政党极力争取的对象。要想瓦解资产阶级统治，必然要争取更多有机知识分子为无产阶级服务。因此，无产阶级注重培养属于自己的知识分子群体，借助他们发展无产阶级意识形态，巩固无产阶级思想的统治。葛兰西认为"思想的有机性和文化运动的稳定性只能在下列条件中产生：……知识分子能对于这些群众的实践活动所提出的原则和问题加以研究并整理成为一个完整的体系，从而同这些群众组成一个文化的和社会的集团"，强调了有机知识分子在统治阶级与群众之间的中介作用。"他们在各种程度上是全社会'中介'的结构，是上层建筑的综合，知识分子也就是上层建筑的'活动家'。可以衡量各种知识界阶层'有机性'的程度，衡量它们和基本社会集团或多或少的密切关系，而从下到上记录职能和上层建筑的顺序"③。这些有机知识分子还可创建社会性的文化观念、价值理念为统治阶级执行国家治理职能进行合法性辩护。若想把社会主义意识形态传

　　①中共中央马克思恩格斯列宁斯大林著作编译局.马克思恩格斯选集：1[M].北京：人民出版社，2012.
　　②马克思恩格斯全集：第四十四卷[M].北京：人民出版社，2016.
　　③安东尼奥·葛兰西.狱中札记[M].曹雷雨，姜丽，张跣，译.开封：河南大学出版社，2016.

播到群众中去，还要依靠有机知识分子从外部灌输给群众，促使群众接受统治集团的统治权威，按照统治集团所设想的社会方向发展。

（二）文化领导权的哲学基础：实践哲学的融合运用

葛兰西文化领导权理论的哲学基础是实践哲学。他从探究英法无产阶级革命失败的教训以及俄国革命胜利的经验中得出结论：欧洲无产阶级要想取得革命胜利，必须有新的理论作指导。由此，葛兰西在革命实践中进行大胆的理论创新，围绕着马克思主义基本原理总结出实践哲学的理论价值和实践意义，并将这一理论与现代文化相结合，认为实践哲学是现代文化的重要因素，实践哲学中丰富的哲学知识能够充实群众的精神认知，促进他们追求更高的精神生活。

实践哲学是现代文化发展的重要因素。区别于经院哲学中关于宗教阶层宣扬的"常识"文化，实践哲学强调现代文化的产生与发展都是基于群众社会生活的实践且具有一定的历史性和进步性。怎样分辨同各种理论相结合的实践哲学的多样化观点和如何利用实践哲学推动现代文化的发展是重要命题。葛兰西认为实践哲学与现代文化结合要有两点考量。一是，同唯心主义宣扬的文化区分开。实践哲学要避免成为仅存在于精致利己主义知识分子中间的思辨理论，而应成为新的有机知识分子运用的理论武器，用以传播无产阶级的思想，发挥引领群众的积极作用。二是，同现代文化结合形成新哲学。"实践哲学是现代文学的要素之一，实践哲学担负着两项任务：战胜最精微形式中的现代的思想体系，以便能够组成自己的独立的知识分子集团，并教育具有中世纪文化的人民群众"。①无产阶级领导者要启发有机知识分子对新哲学展开研究和传承，还要制定出普及大众的教育大纲，构建新的和更高水平的文化、思想同资产阶级展开意识形态的斗争。

实践哲学的理论知识促使群众追求更积极的精神生活。实践哲学产生于人们社会生活中，是最贴近群众且具有方向引导性的智慧哲学。实

①②安东尼奥·葛兰西.狱中札记[M].曹雷雨，姜丽，张跣，译.开封：河南大学出版社，2016.

践哲学能指导群众追求更加积极向上的精神生活，也能为群众所掌握并成为群众改造实际生活的思想武器。"实践哲学的另一个原理：就是人民的信仰或这一类型的思想具有物质力量的意义"。①区别于唯心主义的"形而上"，实践哲学力求将群众引导到更高层次的追求，提升群众的思想道德素质。实践哲学在群众中要有类似于物质力量的能量，逐渐演变成人的信仰。只有在引导群众追求更为高级的精神文化目标的过程中，实践哲学才能得到历史性的升华。

（三）文化领导权实现路径：基于群众"认同"实施灵活策略

面对资本主义意识形态的强势发展，唯有同其抢占群众市场才是无产阶级实现掌控文化领导权的突破点，这也是无产阶级掌控文化领导权的重要任务。围绕这一任务，无产阶级领导者要采取积极措施。加强党组织内部的全面领导，围绕组织领导采取灵活的阵地战和运动战的方式，重视党报党刊等新闻媒体的舆论宣传作用。

第一，文化领导权的实现要争取群众同意。国家开展教育的目的是通过社会化教育使绝大多数群众在思想道德和科学文化水平上达到国家预期目标，最终能以高素质劳动力的角色投入到国家生产中。"国家具有教育和塑造的作用，其目的在于创造更高级的新文明，使'文明'和广大群众的道德风范适应经济生产设备的继续发展，从而发展出实实在在的新人类"。②国家通过教育实现对群众的教化，使得他们认可统治阶级意识形态，还通过工团主义协会等社会组织聚焦共同利益取得群众认可，加大对群众的教化和影响。但教化过程是一个长期且复杂的过程，既不能违背群众意愿引起人们的反感和抵触情绪，又要将思想、价值观念以合理方式灌输到群众意识中去，这是统治阶级在掌管国家政权中必做的重要事项。无论国家的政治领导还是文化领导，都需要关照群众的精神需求。葛兰西认为在实际上不去满足本国国民的利益就甚至不能要

---

②②安东尼奥·葛兰西.狱中札记[M].曹雷雨，姜丽，张跣，译.开封：河南大学出版社，2016.

求他们表现出热情和自我牺牲的精神等素质来，也就更不能根据一般的抽象的纲领和在盲目地信任遥远的政府的基础上来要求其他国家的公民做到这一点。

第二，执政党要充分实现自身全面领导的作用。葛兰西认为各个政党都会极力利用党刊报纸等舆论宣传手段，为自己的政治合法性创造舆论空间。"有机的党的思想总参部常常不属于这些派别中的任何一个，而是像一支超越各党的独立指挥力量那样运行，有时连民众也这样认为，报纸和评论是某种'党'或'党派'，从这种观点出发，可以更为准确地研究政党的职能"。①政党的良性发展不仅来源于对自身先进思想和价值观念的巩固学习，更需要使这种价值理念被群众接纳和认可。当更多的群众接受政党的价值观念，就能打破非党势力企图在群众中散播谣言的困局，通过利用国家新闻机构间接发挥道德教化功能，为党的合法性存在减少阻力。"每一个党派都确信它掌握有万无一失的有效的手段以防止整个党的削弱，并采取一切方法以掌握党的领导或至少参加领导"。此外，政党还通过积极培养自己的领导干部，使他们依照党内规章制度发挥工作主导性，将政党坚持的文化和价值观念通过思想政治教育的方式传输到群众之中。

第三，无产阶级文化领导权的实现要采取阵地战及运动战方式。葛兰西认为在文化领域内争夺领导权的紧迫性和重要性不亚于在现代战争中争夺领地。在和平年代，即使经济危机也不能打破资本主义发展强势的牢笼，在市民社会中西方的思想文化如同战争中的壕堑配系，其发展坚不可摧。"因为这些国家的'市民社会'已经演变为更加复杂的结构，可以抵制直接经济因素（如危机、萧条等等）'入侵'的灾难性后果。市民社会的上层建筑就像现代战争的堑壕配系"。②因此，面对西方发达国家强大的资产阶级，无产阶级想要争夺实权，必然要认清在国家政权后面隐藏的堡垒——使市民社会得以维系的文化和思想的影响。无产阶

②安东尼奥·葛兰西.狱中札记[M].曹雷雨，姜丽，张跣，译.开封：河南大学出版社，2016.

级要采取"阵地战"策略，去除民众心中迷信和腐朽的观念，利用宣传政治和文化的工具，注入无产阶级的文化信仰和价值理念，争取广大人民的同意，取得主阵地的掌控权。"阵地战要求无限广大的人民作出巨大的牺牲，因此需要进行史无前例的巩固霸权活动，从而要求政府采取更加强硬的'干涉主义'政策以更加公开地反击反对派，不断地采用各种政治和行政等方面的强制手段，防止内部分裂，加强统治集团的霸权'阵地'等等"。无产阶级在领导"阵地战"过程中要重视群众的接受度，将群众多元且涣散的思想和文化集中统一起来。"领导发挥作用是将松散的群众以统一的文化和思想力量团结在一起，形成集体政治意志"。

总之，无论是马克思恩格斯在《共产党宣言》中阐述的文化发展理论、列宁的革命文化主张还是葛兰西关于文化领导权的理论，这些文化思想都蕴含着马克思主义文化观的真理性、科学性、革命性、先进性特征，为马克思主义文化传入中国并同中国本土文化相结合起到一定促进作用，推动了我国社会主义文化发展取得伟大成就，更为新时代我国树立文化自信奠定理论之基。

第二节　中国传统文化中相关理念观点借鉴

中国传统文化在社会、国家、民族三个层面为中国发展提供了理论指导和经验借鉴，奠定了中国文化自信的动力基础。一是中国传统文化为中国提供了社会发展的动力，具体呈现为"民为邦本"理念构成以人为本的价值指向；"成风化人"主张涵养人民的精神追求；"革故鼎新"思维激发中国创新性发展活力；"自强不息"精神成为中国持续发展的力量源泉。二是中国传统文化为中国发展提供"治国方略"。"国强民富"愿景运用于现代化文化发展目标；"以法治国"智慧助推"全面依法治国"方略;"政通人和"成为社会治理的终极愿望;"天人合一"的观念融于生态文明建设;"惟在得人"思想助益中国人才发展目标。三是中国传统文化为中国文化提供民族世界观。"天下大同"理想成为中国发展的世界理念;"居安思危"用于中国发展的安全战略中;"协和万邦"的准则推进中国和平之路。总之,中国传统文化被赋予新时代特征和现代化内涵,广泛应用于中国发展之中,成为中华民族现代文明发展的重要构成因素,不仅实现了自身的历史性飞跃,还为中国文化自信提供了民族特色和民族力量。

一、中国传统文化奠定文化自信的动力基础

中国文化自信离不开中国传统文化的滋养。"民为邦本"的理念、"成风化人"的主张、"革故鼎新"的思维、"自强不息"的精神等等为探索中国发展道路提供价值导向、精神支撑,铺设了动力基石。

(一)传统文化"民为邦本"的理念

"民为邦本"是中国传统文化中有关民本思想的重要阐释。这一思想出自《尚书·五子之歌》。其意是指人民是江山社稷之根本。历朝历代统治者为维护其统治权威性、实现其有效统治,都十分重视"天"与"人民"之间的密切联系。"天视自我民视,天听自我民听"①,"天"即为主宰者。"人民"则为统治者同"天"进行联系、沟通的纽带。"人民"对统治者执掌政权、统治国家具有一定约束和制约的功能。在古代,儒家重视民本思想,道家也尊崇民意,甚至将其上升为天的高度。古代先贤更是对"民为邦本"这一民本思想有独到见解和释义。老子提到,"圣人常无心,以百姓心为心"②;孔子认为,"民以君为心,君以民为本"(礼记·缁衣);孟子指出,"民为贵、社稷次之,君为轻";荀子认为"庶人安政,然后君子安位"……这些积极的爱民、利民主张都带有深厚的民本思想,彰显"民为邦本"的价值内涵,进一步说明历代

---

①人民日报海外版"学习小组".中国古典政治智慧 平天下[M].北京:人民出版社,2016.

②王中江.老子学集刊:第8辑[M].北京:中国社会科学出版社,2023.

统治者与被统治者之间紧密的依存关系。在封建社会中，这一思想成为约束和制衡君主权力的重要思想武器，甚至成为中国古代某些朝代统治者治国理政的经典理论与指导思想。

（二）传统文化"成风化人"的主张

成风化人，基础在"成风"。"成风"在《汉典》中通常意为逐渐形成一种习惯、风气和时尚。唐朝韩愈指出："原其本末，或因水旱不熟，或因公私债负，遂相典贴，渐以成风。"①此外，《资治通鉴》中提到："伪梁之季，贿赂成风。"由此可以看出，"成风"指由普遍社会现象逐渐累积所形成的或好或坏的风俗习惯。引用到现代社会中理解其词义，"成风"多指形成较好的风俗习惯和好的社会风气。古代文人对"化人"中的"化"有一定研究。春秋时期的管子认为"渐也、顺也、靡也、久也、服也、习也，谓之'化'"②，在这里"化"是一个渐进形式的转化、感化之意。那么，在现代汉语中"化人"作为动词，指教化、感化、影响广大民众。整体来把握"成风化人"的定义，则是汲取中国传统文化中的丰富内涵和精华，不断地移风易俗、推陈出新，在社会中构建良好的社会风俗、社会风气、社会规范，以此长久地、持续地影响人们的生活。从文化层面来看，成风化人是提升人们整体素养、引领时代风尚并促进整个社会风气和社会文明不断进步的重要表征。

中国共产党的精神追求既延续马克思主义精神信仰，更涵盖中华传统文化中的民族精神力量。"把我国56个民族、13亿多人紧紧凝聚在一起的，是我们共同经历的非凡奋斗，是我们共同创造的美好家园，是我们共同培育的民族精神，而贯穿其中的最重要的是我们共同坚守的理想信念"。③中国传统文化中"成风化人"运用到现代化发展中，即是在强调精神追求中以弘扬时代主旋律为根本，弘扬时代正气，促进所宣扬的精神追求能够"教化"和"涵养"人民。将中华民族精神以润物细无声

---

①五百家注昌黎文集[M].北京：北京若愚文化发展有限公司，2014.
②耿振东. 管子译注[M].上海：上海三联书店，2018.
③习近平. 习近平谈治国理政[M].北京：线装书局，2022.

的方式来滋养中国人民的精神世界，促使人们的精神状态实现质的飞跃，并随着时代进步成长为时代新人。

现如今，中国式现代化伟大征程中，人民对高品质的文化生活诉求更加迫切、对美好生活的精神向往更加强烈。与此同时，我们处于接近实现中华民族伟大复兴的新时代，更加需要以伟大思想引领中国式现代化发展、以伟大精神激励社会奋斗、以创新性中华文化涵育人民素养。唯有人民的精神期许得以满足、人民的精神力量不断充实、人民的精神世界更加丰富多彩，才会激发出人民的自觉性和创造性，进而迸发出实现中国式现代化发展和推进中华民族伟大复兴的蓬勃伟力。"让人民享有更加充实、更为丰富、更高质量的精神文化生活"。①因此，极力倡导社会主义核心价值观。在文化熏陶、教育引导、舆论指引、实践养成下，使社会主义核心价值观内融于人民精神诉求、外化于人民的行为实践。传承中华优秀传统文化，依循"成风化人"的传统文化主张，遵照时代发展要求，赋予中华优秀传统文化以崭新的时代含义和表现形式，有力实现中华优秀传统文化创造性转化、创新性发展。进一步深化文化体制改革，健全现代公共文化服务体系，积极保障人民基本文化权益，进而助推中国式现代化强有力地发展。

（三）传统文化"革故鼎新"的思维

在中国古代传统文化中，存在着众多经世致用的文化内容、教育传统、学习思维和方法。"革故鼎新"作为重要的学习思维方式和方法，被广泛应用于仁人志士的自我修身，另外，它还被统治者用于社会治理和国家统治中。革故鼎新，通俗而论指去除旧的、建立新的。在《汉典》中指革除旧弊，创立新制。在古代中国对于"革故鼎新"有详细释义。《周易·杂卦》："革，去故也；鼎，取新也。"②唐代张说在《梁国公姚崇神道碑》中提到："夫以革故鼎新，大来小往，得丧而不形于色，

---

①吴汉全.党的二十大报告辅导读本[M].长春：吉林人民出版社，2023.
②唐琳.周易研究与解义[M].北京：商务印书馆，2023.

进退而不失其正者，鲜矣。"①不难看出，"革故鼎新"主要强调事物和事情在发展过程中要不断依照时代发展、环境形势，在一定条件、资源协助下，自身不断变革旧事物和旧事件以创造崭新事物和形成新事件的创新性思维方法。中国式现代化的创新性发展是将中国传统文化中"革故鼎新"的思维方法融通于现代化建设具体实践之中，进而使中国式现代化迸发出无限活力。中国式现代化始终坚持守正创新，是不断顺应时代发展要求、坚持思想理论创新、基于文化创新以及重视科技创新的具有中国特色的现代化。

先哲管子提到："不慕古，不留今，与时变，与俗化。"②意思是社会历史处于不断进化的过程中，人既不要过于被动地崇敬古时一切，也不要一味地停滞在今朝，而是随时代变化作出相应的调整和改变，依照风俗发展不断演化进步。这体现了古代先秦的大历史观和崇尚改革的精神。《宋史·卷三三四·徐禧传》："天下之治，有因有革，期于趋时适治罢了。"③意为治理国家的方法既要继承传统，还要有所变革，实质是为了合乎时代发展进而实现国家治理目标。这些传统文化诠释了"变革"在历史发展中的重要性以及"继承"同"创新"在国家治理中的统一关系，对当前中国式现代化的创新性发展具有重要引导作用。"必须坚持守正创新。我们从事的是前无古人的伟大事业，守正才能不迷失方向、不犯颠覆性错误，创新才能把握时代、引领时代"。④因此，文化自信要坚持思想理论创新。习近平新时代中国特色社会主义思想就是在坚持马克思主义基础上，结合中国发展实际创造出的新思想新理论。这一思想"实现了马克思主义中国化时代化新的飞跃，坚持不懈用这一创新理论武装头脑、指导实践、推动工作，为新时代党和国家事业发展提供

①朱祖延.引用语大辞典：增订本[M].武汉：武汉出版社，2010.
②管仲.管子治理之道[M].北京：人民出版社，2016.
③全宋文36[M].成都：巴蜀　书社，2012.
④习近平.党的二十大报告 高举中国特色社会主义伟大旗帜 为全面建设社会主义现代化国家而团结奋斗[M].北京：人民出版社，2023.

了根本遵循"。①今后，人民将继续矢志不渝地坚持这一创新性指导思想，并以更加全新的视野、更加昂扬的斗志，更加全面系统地探索中国式现代化的伟大道路，不断丰富和发展这一思想理论成果。

文化自信推崇文化创新。汉《礼记·大学》："苟日新，日日新，又日新。"②意思是人要做到天天进行省思、不断革新，使思想不断创新。这一"日日新"的理念运用到文化发展中意指文化发展要做到实时、实地不间断地创新。西汉扬雄《太玄·玄莹》："道有因有循，有革有化；因而循之，与道神之；革而化之，与时宜之。"意思是事物发展有因果和规律，这使整个过程连续不断，事物唯有改革和变化，才能使事物与时局发展相宜。这主要阐述事物变化发展的承继与创新的重要关系。中国式现代化是马克思主义基本原理同中华优秀传统文化相结合的现代化。"我们确立和坚持马克思主义在意识形态领域指导地位的根本制度……社会主义核心价值观广泛传播，中华优秀传统文化得到创造性转化、创新性发展，文化事业日益繁荣。"③文化自信是在坚持马克思主义意识形态指导地位中、在传承中华优秀传统文化基因中的创新性转化，在中国传统文化精华的滋养中实现的创造性发展。

（四）传统文化中"自强不息"的精神

中华民族自古以来崇尚"自强不息"的民族精神。"自强不息"这一词语最早出现于《周易》："天行健，君子以自强不息。"意思是整个宇宙不停地运转，人类应该去学习和效法天地，矢志不渝地奋发向上，不断向前发展。在古代中国，先贤哲人们多赞扬"自强不息"这种精神并倡导普通民众在个人修身中要提升这种精神。《荀子·天论》："君子敬其在己者，而不慕其在天者，是以日进也。"④劝勉人要自立自强，日日

①③习近平.党的二十大报告　高举中国特色社会主义伟大旗帜　为全面建设社会主义现代化国家而团结奋斗[M].北京：人民出版社，2023.

④蒲晓娟.大学中庸[M].成都：四川人民出版社，2019.

④张浩.中国古典哲学名著粹言选读[M].西安：西北大学出版社，2019.

进步。先哲老子提出："胜人者有力，自胜者强。"①主张修身更要自我强大，不断战胜自己。先贤孟子提到："天将降大任于斯人也，必先苦其心志，劳其筋骨，饿其体肤，空乏其身，行拂乱其所为。"②告诫人要勇敢面对苦难的磨炼，才能有所作为、有所成就。古代中国传统文化典籍中对自强不息的民族精神更是有提炼、教化、宣扬的积极推动作用。古有大禹治水、愚公移山的传说，还有仁人志士"为天地立心，为生民立命，为往圣继绝学，为万世开太平"的重任担当，这些都是对自强不息民族精神的集中表达。自强不息的伟大民族精神不仅是中国人陶冶性情、修身齐家的重要哲理，还是古代中国历朝历代不断实现长期统治的重要精神内核，更是贯穿于中华上下五千年历史长河，使中华民族延续数千年而屹立不倒的优良传统。这一民族精神主要倡导人们要有独立自主、积极进取、永不懈怠的精神面貌，是激励亿万中华儿女奋发图强的伟大力量。中华民族正是靠着自强不息的伟大民族精神，在千百年历史发展中历经磨难而斗志更强、艰辛探索而意志更坚，不断创造出中华民族的辉煌成就，为人类文明作出了巨大贡献。

中国传统文化中"自强不息"的精神力量在新时代得以延续和发展。中国共产党掌握了中华民族"自强不息"的精神内核，在领导中国人民探索救国道路中，不断顽强拼搏，在中国革命、建设和改革时期坚持不懈地奋斗、永不自满、永不放弃，突破了层层难关，挑战了种种风险，战胜了不可估量的困难，终于取得举世瞩目的伟大胜利，走出了一条适合中国国情发展的正确道路。中国共产党的历史、新中国史、改革开放史和社会主义发展史都是党带领人民不断展现"自强不息"的伟大精神，以巨大生命力和创造力所书写的伟大历史。现如今，中国文化自信需要中国共产党同人民群众保持紧密的联系，不断凝聚人们的力量、汇聚人们的共识。文化自信对我们每一位时代新人提出了更高的要求。我们在实现中华民族伟大复兴中国梦的路途中要具备奋发图强的决心、自

①黄朴民.老子[M].合肥：安徽文艺出版社，2021.
②苏逢军.孟子选[M].北京：清华大学出版社，2017.

强不息的精神，以更加昂扬的姿态和自信心去克服前进道路上的困难荆棘，去取得社会主义现代化事业的成功。

二、中国传统文化为文化自信提供治国方略

中国传统文化从国家层面出发，为中国发展提供治国理政的经验指导。在传承了传统文化中"国强民富"的愿景、秉承"以法治国"的治国理念、追求"政通人和"的政治愿望、采纳"天人合一"的生态文明观、建立"惟在得人"的人才目标中，不断将中国传统文化创造性转化为现代化的治国方略，对党和国家开创伟大事业具有重要意义，增强了全体中国人民的文化自信心。

（一）传统文化"国强民富"的愿景

中国传统文化中蕴含着丰厚的"国强民富"理念。在中华民族历史发展中，国家强大的标志是百姓得以有富足安定的生活，而百姓富足的生活离不开国家强盛来给予保障。关于国家强大与人民富足之间的辩证关系，诸子百家各抒己见。儒家思想中蕴含富民主张，"百姓足，君孰与不足"①。他们认为百姓富则国家富，并且主张"轻徭薄赋"。墨家学派则提倡在"利民"基础上不断发展生产，主张设立限制浪费的经济立法以助推整个社会财富的增加。法家思想更重视"强国"，认为"强国"高于"富民"，并主张大力发展经济，进而能够"富国强兵"，以维护国家统治。此后，古代仁人志士不断继承和发展了"国强民富"的理论观点。管子指出："治国之道，必先富民。"②治理国家的方法，必须先使百姓富裕。汉朝《淮南子·诠言训》书中提到："为治之本，务在安民；安民之本，在于足用。"③主张治理国家要注重经济发展的基础作用。百姓所获财用充足则会使他们安居乐业，百姓生活安定才是国家治理之根本。《三国志·吴书·骆统传》中提到："财须民生，强赖民力，戚恃民

---

①于丹．于丹论语心得[M]．北京：生活·读书·新知三联书店，2017.
②管仲．管子治理之道[M]．北京：人民出版社，2016.
③刘康德．淮南子　鉴赏辞典[M]．上海：上海辞书出版社，2018.

势，福由民殖。"①以此来说明国家强大的前提是使民众富裕起来。

中华民族在历史长河中曾出现过"国强民富"的盛世局面。大一统的秦汉王朝、"万国来朝"的鼎盛大唐、商业发达的两宋时期、疆域辽阔的元朝……这些历朝历代的盛世彰显出共同的发展规律，那就是国民经济发展则百姓富足从而使国家强大，国家繁荣保障人民生活安宁。实现全体人民共同富裕是中国式现代化的基本目标。实现中国发展的繁荣昌盛是建立在实现人民共同富裕的基础之上。"我们坚持把实现人民对美好生活的向往作为现代化建设的出发点和落脚点，着力维护和促进社会公平正义，着力促进全体人民共同富裕，坚决防止两极分化"。②在中国式现代化发展道路上，中国共产党汲取了传统文化中"国强民富"的精华，更加确定和坚定实现全体人民共同富裕的决心和毅力，也更加有能力和有信心去实现这一基本目标。

（二）传统文化"依法治国"的智慧

中国传统文化中蕴含深刻的"依法治国"思想。中国式现代化治国方略中有关制度建设充分汲取了中国传统文化中"依法治国"理念。"德治"与"法治"相结合的观点为当前中国式现代化发展所倡导的"全面依法治国"提供了重要的理论依据。

中国式现代化是"依法治国"同"以德治国"相结合的现代化。中国式现代化治国方略汲取传统文化中"德法相辅"的理念。在古代历朝历代统治方略中存在"王道"与"霸道"之争，在国家治理方式上存在"德治"与"法治"之辩。然而不难发现，在古代中国"德治"与"法治"二者紧密结合、相辅相成，讲究"德法相成、儒法并用"。"我国历来就有德刑相辅、儒法并用的思想。法是他律，德是自律，需要二者并用"。③在儒家传统文化中，无论是孔子主张的"德主刑辅、宽猛相济"，

①陈生玺.治国明鉴下[M].杭州：浙江古籍出版社，2014.

②习近平.党的二十大报告　高举中国特色社会主义伟大旗帜　为全面建设社会主义现代化国家而团结奋斗[M].北京：人民出版社，2023.

③中共中央文献研究室.十八大以来重要文献选编：上[M].北京：中央文献出版社，2014.

还是孟子主张的"徒善，不足以为政；徒法，不能以自行"，抑或荀子主张的"隆礼重法"，儒家思想基本围绕"德法共治"而展开，并强调"德治"高于"法治"。在法家思想中，著名法学家韩非子认为"奉法者强则国强，奉法者弱则国弱"。法家学派一般主张"法治"高于"德治"，但也是将"法治"同"德治"相结合的治国方式用于支持统治者的统治。无论是儒家学派强调"德治"还是法家学派强调"法治"，这些传统文化观念都从不同角度为当前中国治国方略提供了一定的理念借鉴。在国家治理过程中，道德作为"软约束"是提升治理效能的重要内在精神因素，能够为国家治理中的规范、制度提供价值导向和精神动力。法律作为国家治理中的"硬约束"是道德无法发挥其效能下的具有强制性的重要实施工具。在整个国家治理体系中，"道德"同"法律"二者缺一不可。因此，在中国式现代化建设中，强调坚持以德治国同依法治国相结合，重视对全体人民的道德培育，将社会主义核心价值观融入法治建设中，增强社会主义意识形态的凝聚力和引领力，与此同时，不断完善法律制度以维护国家统治权威和保障人民的根本利益。

（三）传统文化"政通人和"的愿景

"政通人和"出自宋朝范仲淹的《岳阳楼记》："越明年，政通人和，百废俱兴。"这句话表现国家发展稳定，人民安居乐业的景象。"政通人和"通常被用来形容清明盛世、国泰民安，体现出统治者能够有效治理国家，使国家政治清明、社会稳定以及人民生活安定和睦，充分彰显一个国家治理体系的完备和治理能力的强大。在古代，"政通"与"人和"是辩证统一关系，"政通"为社会治理中的政治表达。"人和"则体现为社会治理中人的道德涵养以及所形成的良好社会风气。"政通"是"人和"的政治基础和保障，"人和"则是"政通"的实践结果和最终追求。在中国传统文化中，"政通人和"表现为亲善尚和。儒家传统文化中提倡"礼乐制度"，要求建立一个"群居而不乱""体情而防乱"，既有制度规范社会秩序，又能够使民众个性得以发挥的社会。此外，古代先哲所倡导的社会图景中，讲求亲仁爱众——"亲亲而仁民，仁民而爱物"

（《孟子·尽心上》）、友善和睦——"族既睦，便章百姓；百姓昭明，合和万国"（《史记·五帝本纪》）、选贤任能——"务在博爱，趋在任贤"（《说苑·君道》）……来使社会更加趋近于"政通人和"。文人贤达讲求以友善和合精神来促成好的社会风气。倡导人与人之间交往要与人为善、助人为乐。"取诸人以为善，是与人为善者也"（《孟子·公孙丑上》），"君子贵人而贱己，先人而后己"（《礼记·坊记》），建立在友善利他基础上的人与人之间的交往理念能够加深人际互动，有利于形成紧密联系、极具亲和力、崇尚合作的社会观念，有益于构建美好和谐的社会，这对于促进高度社会分工及合作的现代社会的和谐发展具有一定启示。

中国社会治理汲取传统文化中"政通人和"的理念。中国要想达到"政通人和"局面，就要实现经济持续发展、政治清明、文化繁荣。一是促进生产力发展，使人民生活富裕、生活安定。历史表明，盛世的出现多是没有内忧外患、经济发展强大、百姓生活水平较高。中国发展是追求共同富裕的现代化。"仓廪实而知礼节"，物质基础丰富、生活富足才会促使人民更加遵守社会规范，有利于构建和谐社会。在中国发展中，我们始终坚持以经济发展为中心不断贯彻新发展理念，我国经济实现历史性跃升，奠定人民幸福生活的物质基础。二是实现以人为本、政治清明的现代化发展。在古代传统文化中，政治清明多指政治上清廉公正、减轻赋税劳役、与民休养生息、追求社会发展的公平正义。国家要始终坚持增进民生福祉、提高人民生活品质，深入基层群众，健全一系列惠及民生的公共服务体系。强化法治中国建设，为社会公平正义提供有效的保障。三是注重精神文明同物质文明相协调，促进文化繁荣。中国发展是物质文明和精神文明相协调的发展。"物质富足、精神富有是中国式现代化的根本要求"①，大力发展社会主义先进文化，不断传承和发展中国文明，为实现中华民族的全面发展提供丰富的精神食粮。

---

①习近平. 党的二十大报告　高举中国特色社会主义伟大旗帜　为全面建设社会主义现代化国家而团结奋斗[M]. 北京：人民出版社，2023.

（四）传统文化"天人合一"的观念

"天人合一"是中国传统文化对于人同自然关系的一种表达，蕴含丰富的自然哲学智慧。"天人合一"指的是人同自然、天、地是共生的统一体，人要敬畏自然、顺应自然，遵从自然发展规律，同世界万物和谐共处。天人合一即是在整个自然中对自然规律的实践体验，更是人在同自然共处中所形成一定道德感知以及哲学反思。在古代，小农经济发展为主要的生产方式，农业发展较为依赖自然环境，更需遵循自然规则，由此衍生出一系列关于人与自然关系的理念和观点。这一理念既体现在儒家思想"民吾同胞，物吾与也"的爱人亦爱自然万物的仁爱智慧中，也体现在道家学派关于"道法自然"、人与万物相齐的思想意旨中。

中国传统文化中"天人合一"观念契合马克思主义生态观。马克思主义认为自然史和人类史相统一，"社会是人同自然界的完成了的本质的统一，是自然界的真正复活，是人的实现了的自然主义和自然界的实现了的人道主义"[①]。要在消灭资本主义私有制基础上实现人、社会、自然的和谐共生。马克思主义重视人的实践并强调在遵循自然规律基础上，通过人的实践去认识自然、改造自然。中国传统文化中"天人合一"观念同马克思主义生态观的核心理念不谋而合，共同为我国生态文明建设提供理论借鉴和价值指导。

新时代中国是强调人与自然和谐共生的发展。人与自然是生命共同体，人的全面发展离不开和谐美好的自然环境，走人与自然和谐共生的现代化道路是谋求中国人民生存之道，创建人民美好生活的最佳选择。"中国式现代化必须走人与自然和谐共生的新路。这是对我们自己负责，也是对世界负责"[②]党和国家提倡生态文明建设，更加重视保护生态环境，追求人与自然的可持续性发展，积极构建人与自然和谐共生的美好生活图景。构建人与自然和谐共生的现代化离不开汲取中华优秀传统文

---

①马克思恩格斯文集[M].成都：四川民族出版社，2020.

②习近平.习近平在亚太经合组织第二十九次领导人非正式会议上的讲话[M].北京：人民出版社，2022.

化的精华。在推进生态文明建设中多次出现中国传统文化中"天人合一"的观点。"中华文明历来崇尚天人合一、道法自然，追求人与自然和谐共生"①，"中华文明历来强调天人合一、尊重自然"②。中国共产党创造性地将中国传统文化中的"道法自然""天人合一"观点融入生态文明建设中，不断取得生态文明建设的优良成果，满足了人民对美好生态环境的渴望和需求。

（五）传统文化"惟在得人"的思想

中国传统文化中蕴含着"惟在得人"的重要思想。"为政之要，惟在得人。用非其才，必难致治"。出自《贞观政要·卷七·崇儒学》，意为执政的关键因素在于用人要得当，倘若所用人才不能有效发挥他的才能，政治事务便难以得到处理。古代传统文化中许多理念强调重视人才。"邦之兴，由得人也；邦之亡，由失人也"。③意指国家兴亡在于人才的得失，因此要重视人才。"士者，国之重器；得士则重，失士则轻"。（《汉书·梅福传》）也是在强调贤士、人才对于国家统治的重要作用。这种重视和选用人才的智慧在传统文化中举不胜举，无不反映出中华传统文化中蕴含着极为丰富的人才理念，这些理念经历漫长的历史发展依然历久弥新，成为历朝历代统治者选人用人的重要标准和经验。

马克思主义人才观同中国传统文化"惟在得人"思想交相呼应。所谓"时势造英雄"，人才是顺应时代潮流和社会发展而发展。马克思曾说过："每一个社会时代都需要有自己的大人物，如果没有这样的人物，它就要把他们创造出来。"④在近代，中国寻求解放过程中，无数仁人志士出现，这些时代的弄潮儿为挽救民族危亡、拯救中国于水火之中，不断贡献自身力量。列宁曾指出："历史早已证明，伟大的革命在其斗争

①习近平. 论坚持人与自然和谐共生[M]. 北京：中央文献出版社，2022.
②习近平. 携手构建合作共赢、公平合理的气候变化治理机制：在气候变化巴黎大会开幕式上的讲话[M]. 北京：人民出版社，2015.
③平天下：中国古典治理智慧[J]. 理论与当代，2015（8）：53.
④马克思恩格斯文集[M]. 成都：四川民族出版社，2020.

过程中会造就伟大的人物，使过去看来不可能发挥的才能发挥出来。"①众多人才出现在一定社会背景下，符合整个社会经济、政治、文化运行发展要求。在中国革命时期，人才是革命取得成功的重要参与者。中国共产党十分注重"任人唯贤"的用人标准以及"与工农群众结合"的人才培养形式；在社会主义现代化建设中，众多人才为社会主义发展出谋划策，是社会主义确立的重要建言者和见证者。采用"又红又专"的人才标准，要求这些人才在参与社会主义建设中既要认同社会主义意识形态，又要具备专业能力为国家、人民作出自身贡献。在改革开放中，人才是推动经济发展的第一动力。现如今，在中国发展新征程中，人才更加具有新时代特色，是创新驱动发展的永动机，为科技创新提供动力支撑、为新发展格局贡献无限能量。

三、中国传统文化影响文化自信的民族世界观

中国传统文化在民族世界观层面为文化自信提供理论依据和经验借鉴。中国传统文化中"天下大同"的理想、"居安思危"的忧患意识、"协和万邦"的和平之路，这些理念有助于增强世界人民对中国文化自信的深刻认知和认同，对推进中国文化走向世界具有重要意义。

（一）传统文化"天下大同"的理想

"天下大同"是中国传统文化中对于人类社会发展趋势和世界历史发展进程最具经典的阐述，是亿万中华儿女在实现中华民族伟大复兴道路上不懈奋斗的共同理想。"天下大同"又名"天下为公"，出自《礼记·礼运》："大道之行也，天下为公，选贤与能，讲信修睦。"②这是中国古代儒家学派所倡导的一个重要理念，主要强调天下所有人都应该平等互助、和睦相处，实现社会稳定和谐。这一理念在中国古代历史上影响深远，被运用在不同领域：运用于经济发展中，倡导贸易自由、共同发展；运用于政治中，劝勉君主实行仁政、治理国家要制度公正；运用于

---

①列宁. 列宁选集[M]. 北京：中央编译出版社，2022.
②郭齐勇，田文军，文碧芳. 中国哲学史[M]. 北京：商务印书馆，2021.

社会民生中，则讲求家庭和谐、睦邻友好。

新时代中国以具体实践响应了中国传统文化中"世界大同"的理想。中国式现代化是努力实现中华民族伟大复兴的现代化。中国式现代化发展道路是实践和印证中国传统文化"大同"的道路。中国共产党在坚持马克思主义为指导的基础上，将"大同"理想融入伟大中国梦的社会实践中，将中国传统文化同马克思主义基本原理相结合，找到马克思主义同中国传统文化的契合点，不断创新出适合中国发展的自然观、历史观、人本论……不断推进党和国家发展的伟大征程、推动伟大事业向前发展。

中国是爱好和平的国家。"在坚定维护世界和平与发展中谋求自身发展，又以自身发展更好维护世界和平与发展"。①在促进全世界共同发展中，中国共产党创造性提出构建人类命运共同体。人类命运共同体衍生于传统文化中"天下大同"的理念。中国倡导构建人类命运共同体正是将"天下大同"传统文化理念同当前时代形势相结合进而凝练出的新理论，是团结和造福于世界人民的真实意愿表达。我们倡导人类命运共同体是坚持世界和平发展、呼吁世界各国政府以及国际组织加强国际合作，共同解决全球性问题，消除世界不平等障碍的具有重大意义的命题。

（二）传统文化"居安思危"的警醒

"居安思危"出自《左传·襄公十一年》："居安思危，思则有备，有备无患，敢以此规。"意指身处安定环境要预想到可能产生危难的情况，提前防止祸患。这个成语告诫人们即便在安定环境中也要提高警惕以防祸难。居安思危体现一种忧患意识，在古代传统文化中，许多仁人志士主张要具备忧患意识。《周易·系辞下》："《易》之兴也，其于中古乎，作《易》者其有忧患乎。"②孟子主张"然后知生于忧患，而死于

①习近平.党的二十大报告　高举中国特色社会主义伟大旗帜　为全面建设社会主义现代化国家而团结奋斗[M].北京：人民出版社，2023.

②本书编辑委员会.易学百科全书[M].上海：上海辞书出版社，2018.

安乐也"①，强调人要在艰苦环境中磨炼意志。居安思危的忧患意识是古代先贤在研究自然规律和进行哲学反思基础上得出的重要结论，其中蕴含着古代先贤对于安危、治乱、盛衰之间所存在的辩证关系的洞悉和考察。这种哲学反思性源于人们对于事物对立统一发展规律的清晰认知。事物不断变化、运转、发展的不以人的意志为转移的自然规律，使得人们认清事物发展的对立统一性，从而遵循自然规律，不断发挥主观能动性，提升忧患意识。这种精神是中华民族得以延续数千年而不中断的重要因素，对当今国家发展也有强大的生命指引力。

中国安全战略响应中国传统文化中居安思危的观念。"增强忧患意识，做到居安思危，是我们治党治国必须始终坚持的一个重大原则"。②始终重视并做到居安思危，是中国共产党在百年奋斗中的重要经验总结，体现中国共产党在带领人民推进现代化进程中对国内外环境的关注以及积极应对各种风险挑战的重要表现。居安思危是中国共产党的重要战略思维，"战略上判断得准确，战略上谋划得科学，战略上赢得主动，党和人民事业就大有希望"③。持续增强忧患意识、始终做到居安思危是关系到党的建设、国家长治久安、人民利益保障的重要观念，更彰显出中国共产党的重要战略定力和长远发展。世界处于百年未有之大变局，在中国发展道路中，党要始终保持清醒的头脑，认清国际形势；还要在发展顺境中警惕前进道路上的外部风险，以最坏的打算做好最充足准备，培养时刻应对突发风险的潜意识和高超能力。更要丰富和发展外交理论与实践，为增强文化自信、民族凝聚力和国际影响力作出不懈努力。

（三）传统文化"协和万邦"的准则

在古代中国，"和"文化源远流长。"协和万邦"出自《尚书·尧

---

①苏逢军.孟子选[M].北京：清华大学出版社，2017.
②中共中央党史和文献研究院.习近平新时代中国特色社会主义思想学习论丛：第1辑[M].北京：中央文献出版社，2020.
③习近平.在纪念邓小平同志诞辰110周年座谈会上的讲话[J].福建党史月刊，2014（15）：1+4-9.

典》："九族既睦，平章百姓。百姓昭明，协和万邦。"①意为治理国家要对内实现"百姓昭明"，对外实现"协和万邦"。主张天下不同国家、邦族的百姓和睦相处、协作共事，凝聚起来形成合力。这一词被用来形容尧以仁治理天下，天下各国安定团结的画面，表现中华民族追求整体和谐的精神，更体现古代统治者处理国家与国家之间关系的高超智慧。在中国传统文化中"和"文化源远流长。《中庸》中提到"和也者，天下之达道也"②，将"和"认为是全天下的准则。"礼之用，和为贵。先王之道斯为美，小大由之"③，从"道"的层面对"和"精神进行阐述：以"和"思想来追求民族与国家间爱好和平、和而不同、和谐共生的理想。"协和万邦"体现中华传统"和"文化在处理民族间、国家间关系中的基础作用，是我国传统文化中具有天下观视野的重要价值理念。"协和万邦"的天下观，使得中华民族凝聚成为一个大一统的多民族国家，这既表达一个国家的理想状态，也寓意国家间交往关系的至高境界，更是新时代我国外交战略所遵循的重要理论基础。世界百年未有之大变局加速演进，和平、发展、合作以及共赢依旧是时代发展的趋势。构建长久和平、共同繁荣的世界，是世界各国人民的共同愿望。我们不仅力求做到要让自己过得好，也能让别人过得好。这是对"协和万邦"准则在当前时代发展的有效诠释。提倡"协和万邦"的价值准则与"天下大同"的世界情怀对于有效应对当前以邻为壑、文明冲突、霸权主义等全人类危机有着指导性意义。

中国充分运用传统文化中"协和万邦"准则，彰显中国文明所追求的和平愿景。"中国式现代化是和平发展而不是国强必霸的现代化，彰显文明的和平性"。④"天下大同""协和万邦"是中华民族自古以来所倡导的和平邦交理念，是构建人类命运共同体的前提和基础。中国在

①邵文辉．求大同[M]．北京：人民出版社，2016．

②蒲晓娟．大学中庸[M]．成都：四川人民出版社，2019．

③于丹．于丹论语心得[M]．北京：生活·读书·新知三联书店，2017．

④王岩，吴媚霞．中国式现代化新道路与人类文明新形态的内在逻辑理路[J]．思想理论教育，2021（11）：12-19．

"协和万邦"准则基础上进行了批判性继承与创造性转化。中国以科学社会主义核心价值观为基础，倡导各国家与民族一律平等，摒弃了传统的"华夷之辨"与等级秩序。中国致力于推动构建人类命运共同体，倡导共建"一带一路"，为相关国家带来实际利益，践行了"胸怀天下"的理想。同时，中国创造性地继承和发扬了中华民族和平理念，充分体现出对崇高目标——全人类解放的追求，这与中华民族热爱和平的文化传统一脉相承。总之，传承中国传统文化的"协和万邦"理念，使中国的和平发展的精髓不断得以丰富和发展。

综上，这些中华优秀传统文化为中国式现代化提供了一定理论借鉴，更是为新时代我国文化自信注入了鲜活的动力，今后我们要更好地推动中华优秀传统文化在新时代实现创新性转化和创造性发展，使中华优秀传统文化在中国大放异彩。与此同时，我们还要不断将中华传统文化传播到全世界，促进全世界人民了解中华文化，为世界文明贡献中国力量。

第三节　中国共产党人关于文化发展相关理论

一、毛泽东文化思想相关理论

（一）毛泽东关于坚定文化自信的主要思想内容

1.农民教育文化思想

毛泽东在对农业社会的发展改革与实践中积极探索出丰富的农民教育思想，这样才能从根本上保障农民教育文化观念的实现。毛泽东文化思想不仅来源于马克思有关农民教育的思想及其文化观，更来源于战时共产主义政策的有效性，在苏维埃政府面临严重困境的基础上，农民生产热情得到极大提升。在这一背景下，毛泽东积极结合我国社会发展实际现状，探索了马克思主义经典理论。毛泽东结合我国实际情况以及具体国情，重点对中国革命建设及改革中存在的各项问题作出了全面和深刻的探讨，强调了中国革命建设中的重要性。无产阶级中的农民是我国改革和革命的主要动力，也是无产阶级的同盟军。马克思主义指导下发现，我国社会主义社会中农民要借助自给自足式的发展来实现全面的进步，这深化了农民阶级中有关两重性的认识：转变了原有封建意识浓厚且阶级意识薄弱的局面，避免了由于文化素质低下以及使命感缺失的局限性。

（1）文化教育

农民教育文化传播中，加强了历史教育，重点分析人民群众对于文化教育现状的不满，毛泽东认为这些不满来源于多个层面，这不仅根源于我国新经济政策的发展，更来源于当前社会发展的实际需求。这样一来在社会改革及发展中提出，要利用一切力量和手段来克服党内消极思想教育，要利用共产主义教育清除农民身上的利己主义，要提高农民对生产生活的热情和积极性，要在农民中开展各类思想政治教育，要提高思想政治觉悟。特别在马克思恩格斯对农民文化教育思想的认识中，强调要将教育与生产劳动结合起来，只有这样才能在社会主义教育过程中加强政治教育的传播，在提高政治思想觉悟的过程中，加强农民文化教育的传播。要非常注重农民文化教育对社会主义建设的作用，毛泽东认为文盲是不可能完成社会主义建设的，政策和行动要以农民教育价值和技能教育为主，为此，设立了扫盲委员会中学。这样提高了农民文化教育水平，在农民文化教育中，毛泽东认为不但要以学习知识为主，更要加强农民教育的综合性。这样能够优化办学机制，将教育教学内容与现有规划结合起来，将科技、文化、道德、思想品质结合起来，在德智体全面发展基础之上将实践与文化教育结合起来，这是毛泽东文化教育思想中的基本原则。抗日战争思想政治教育传播中要意识到，国民党反动派镇压的地区出现了严重的经济困难，这使得毛泽东结合当时的整风运动及大生产，提出要利用教育来实现生产，进而帮助农民获得更多的教育教学内容，在这一阶段毛泽东撰写了很多文章，希望在农民日常教育中将各类知识编写在课本中，以取得良好成效。毛泽东认为在小学教育中应该开设日常农业知识课程，这样能反映农民生活生产需要，能从实际出发，将思想教育放在日常教育工作之中，这期间要注重农民文化教育思想的传播，毛泽东在农民中间普及了文化知识，且希望将其贯穿于整个国民生活过程之中。毛泽东利用各种途径，向农村居民传播国内外大事，利用业余时间传授农民各种知识，土地改革时期毛泽东更是加强了农民基础教育，实行全面义务教育改革，这样一来提高了农民阶级文化教育水平。

在《长岗乡调查》中，毛泽东认为长岗乡农村居民文化知识教育的过程中，将日学、夜学、识字结合起来，借助这种方式帮助农民获得更多知识。长岗乡夜学包含 9 所学校，每个学校都有二三十个人，其中女性人数占 70%，男性人数占 30%。大部分农民的年龄在 30～40 岁之间，还有四五十岁的老同志会来读书，这样不仅传播了知识，也获得了对共产主义以及毛泽东思想文化的理解。还有很多农民在识字班编制的学习中，取得了良好效果，单节课程学习中，不仅选择了组长，还选择了班长，教学采用了多种多样的方式，随时随地都可以学习，一个人、两个人、三个人、五个人同样可以学。长此以往，这种教育教学模式下，农民知识水平及能力得到提升。很多农民在学习一段时间后，表示自己学习了很多知识，这使得在基础教育中获得了丰硕的成果。除此之外，通过对农民知识的教育与传播，促进了农业生产及农村发展，这些都与农民教育开展状况良好紧密相连。

（2）科技教育

早在1925年前后，工人运动迅速高涨，在此之后，毛泽东开始注重农民教育，以此来发展农民革命力量。毛泽东认为应当发动农民群众，以此实现革命的成功和胜利。因此，农民教育中利用开展各类补习班的方式加强了农民教育。例如湖南革命根据地创立了多个教育教学补习班以及教育教学辅导班，对农民开展教育，编撰农村教育计划。随后发展中，湖南湘江学校开设了各类师范部，帮助培养农村教师。毛泽东还开展了农民运动，在领导农民反抗压迫的过程中，毛泽东深切感受到了农民阶级的重要性，明确了要在未来教育教学中坚定农民的信仰和信心，以帮助提高农民科技教育。

在文化教育思想的传播中，毛泽东积极与其他各位领导人协助规划，建立了农民专业合作社，开展了各类农民夜校等组织，在组织夜学及规划中向农民传授各类珠算知识和农业科学种植知识，除此之外，利用浅显易懂的方法，加强了农民专业知识的传播。毛泽东作为农民教育及组织运动的领导者，对农民革命教育制定了新的标准和规划。1925年在《中国社会各阶级的分析》中加强了对农民贫苦生活的探讨，其中注意到了贫困农民更容易接受无产阶级革命的宣传，这一过程中毛泽东充分注意到了农民教育工作的重要性，提出要从根本上克服农民阶级中存在的局限性、滞后性、封建性等各类思想，要引导农民积极参与到农村改革中来。毛泽东注意到了农民改革经验在传播中的重要性，明确了革命事业发展基础之上，要重点落实革命管理规划。1927年毛泽东在第七届中共中央加强了农民教育的培养工作，在这一过程中农民夜校数量呈现出新的增加，农民运动中培养了一大批优秀的干部和人才，这些干部人才为农业教育的开展提供了新的依据。

农民教育教学改革经历了新的发展阶段，在农民教育中重点加强了科技教育、文化教育以及生产技术教育，这样从根本上解决了农民卫生、吃饭穿衣等各类问题。毛泽东曾认为，在小学、中学等各类知识学习中要编撰农业相关知识，要达到改良农业促进生产的目标。延安整风期间，毛泽东提倡要建立新的自然科学研究会，要鼓励农民转变陈旧的落后的生产生活观念，摒弃文盲和消极的封建思想，这样才能从根本上提升农民自身文化素养，进而保障革命文化的传播。

2.为人民服务的文化思想

在农民教育中，毛泽东深刻注意到为人民服务文化观的发展在革命思想传播中的重要性，为人民服务的文化观经历不同发展阶段。为人民服务的文化思想是民主的、科学的、大众的文化，为了保障人民大众文化的传播与发展，就要在文化思想教育中加强反帝反封建文化教育，这也是新民主主义文化教育活动的根本内容，也是中华民族新文化教育传播的基础。由此，在为人民大众服务、为无产阶级服务过程中，要落实经济服务、政治服务，这是毛泽东新民主主义文化思想中的核心内容和基本原则。新民主主义文化是民族的、大众的，这样可以注意到新民主主义文化在作用上以反帝反封建为主。而从民主性方面分析，则强调了新民主主义文化运动的独立性，这就是文化自信的根本表现。

我国在西方文化的影响下，政治社会文化生活出现了新的变革，在西方列强威胁影响下，中国文化及社会发展现状出现了新的转变，在西方文化、制度理论冲击及影响下，我国文化发展出现了新的变革。从社会现状分析，当时我国已经处在半殖民地半封建社会，军阀割据、列强入侵的现实状况，这严重阻碍了社会经济的发展，在民族精神涣散的背景下，新民主主义文化应运而生，以提高民族自信、弘扬民族精神为主，这展现了新民主主义文化的民族特性，这一过程中中国文化应具备自身的形式，这就是民族形式，这一影响下文化具有民族性特征，在历史进步中要以时代性为主体现时代精神，文化传播中代表民族生命力量的部分就是民族精神，民族精神与时代性互为载体，且相互统一、相互发展。文化传播中要展现民族性，正是这一特性在文化传播中起到了积极带动性作用，新民主主义文化具有民族性特征，这两者缺一不可。实际分析中发现，只有具备合适的民族性特征或是形式的内容，才能从根本上为文化传播发展提供新的动力。文化传播中要始终以服务理念的传播为主，要意识到新民主主义文化具备科学性特征。所以科学性可以认为要在文化传播中反对迷信思想、反对封建主义。长期封建君主专制以及农业经济压迫下，新经济产业发展的指向性更加明确，由此新经济发展中衍生出很多不良习惯，盲目、愚昧、盲从、迷信等，这些消极思想阻碍了我国新民主主义社会的建立及发展，反动者提倡复古思想及专制主义思想，影响了社会进步。事实上，新民主主义文化道路的选择中，要在文化战略上加强思想建设，摒弃封建思想，加强新民主主义文化传播，保障实事求是与客观事实真理的一致性，反对一切消极思想和一切封建思想。只有科学发展和传播各类知识，才能将理论与实践结合起来，展现马克思主义真理，而这也是民主思想中科学方法论和世界观的呈现。

实际文化思想传播中，可以利用思想武器来打倒帝国主义中的消极思想，以及奴隶化思想，借助此种思想的传播及分析，能意识到新民主主义文化是大众的文化，毛泽东在新民主主义文化的分析中，确定了文化的大众性传播，因此具备民主性特征。这表明新民主主义传播中，所有的文化要以基层人民群众为基本服务对象，这种背景下形成的文化要朝着大众化方向发展。革命文艺工作者要深入了解人民群众疾苦，分析农民生活现状。农民群众在实际斗争及改革中，要始终按照马克思主义方法论和科学观，站在无产阶级立场上规范自己的言行，将文化普及工作落到实处。教育改革中要保障文化教育的创新，将大众知识传播与现有知识认知结合起来，在提高和普及文化传播基础上建立相互关系，号召中国文学家和艺术家结合起来，参与到人民群众文化传播以及文化教育中，只有这样才能紧密联系人民群众，才能实现文化的大众化目标。毛泽东在新民主主义理论中注意到文化的大众性特征，这表明文化的大众化传播中，新文化要以人民大众为主体，要客观真实地反映大众文化，这是因为中国革命的领导者是无产阶级，文化要以反帝反封建思想为主，以人民大众为主体，文化建设的基本目标是建立无产阶级领导的新民主主义国家。这一阶段中新文化传播者人数居多，包括城市小资产阶级、工人农民以及各类知识分子。人民大众文化的传播中，毛泽东在延安文艺座谈会上的讲话中注意到了观念形态文艺作品的重要性，且意识到在社会生活中，新文化传播要将客观真实世界与马克思主义文化思想紧密结合起来。因此，人们在生活中文学艺术没有受到限制，文艺思想的传播中将理论与实践结合起来，毛泽东鼓励文艺工作者要积极参与到人民群众工作中来，从实践中转移重点，全面展现文化特征及属性。社会主义文化传播及发展中，要意识到马克思主义是一个整体，要将工农兵引入到无产阶级政党管理中，只有这样才能从根本上成为无产阶级的文化者，才能从根本上在民主文化的传播中解决人的问题。在各类根本性问题处理中，要将理论与改革实践结合起来，将此作为为人民服务的根本，这不仅关系到新文化自身性质，更关系到新文化发展问题的处理。

当代社会实践中，要落实为人民服务的导向性问题，而这就是我国在革命建设改革中文化建设的唯一条件。在战争环境中，毛泽东意识到了新文化要为新经济和新政治服务，这无疑是落实和保障文化传播发展的基础，借助此种方法能实现政治文化的全面改革，为文化思想的传播提供新的途径。

3.中国共产党的文化思想

毛泽东文化思想中最为重要的就是三大作风——理论联系实际、密切联系群众、批评和自我批评。三大作风打破了原来"左"倾思想的错误认识。马克思主义是共产党的基本思想，由于理论与实践上的不足，导致人民群众中产生了思想工作及作风问题，这主要是由于党内领导干部没有及时纠正实践中的错误观点而引发的。在实际问题处理与应对中，要将人民群众作风建设与我国革命的实际探索紧密结合起来，要在农民中实行批评与自我批评，要紧密联系群众。毛泽东将三大作风作为中国共产党的工作重点，将理论与具体实践紧密结合起来，紧密联系群众，实现了文化思想的传播。

理论联系实际是马克思主义的基本原则，在中国改革实践及发展过程中，毛泽东将此作为重要的作风。早在延安整风运动之前，在党内未形成融合性的政党文化，这表明党内思想揭露及改革发展中存在较大的问题，特别是在王明"左"倾教条主义引导下，导致党内民主文化及思想建设存在诸多问题。这影响了中国共产党党性及文化的统一发展。毛泽东在1941年5月延安高级干部会议中认为，中国共产党的20年实际上就是革命文化思想传播的20年，在这20年的具体实践中，要利用理论与实际紧密结合的研究方式，重点摒弃主观主义、教条主义作风，要弘扬新的发展路线，将理论与实践结合起来，保障新民主主义文化的传播与发展。马克思主义唯物史观中认为，要紧密联系群众，这不仅是中国共产党自身发展的重点，也是毛泽东对马克思列宁主义党风理论的重要展现。中国共产党成立之初，毛泽东就到工农红军中去考察，撰写了各类中国革命的具体著作，在这些著作以及论断中，毛泽东树立了新的文化思想，明确意识到中国共产党文化思想传播中的困境与不足。在《论联合政府》中毛泽东指出，当前最为正确的任务、政策及工作要求，就是要将群众紧密结合起来，避免政策任务、工作作风中的缺失，只有与当地群众结合起来，才能从根本上保障人民群众的利益，才能制定有效的工作方针和计划。其中更加明确了党员干部要紧密联系群众，实现革命的创新及发展，批评与自我批评的改革及完善中，要以组织规划发展为重点，这是保障中国共产党优良作风以及文化思想传播的基本途径。

在历史革命及方法传播的路径中，文化思想的引导极为重要。毛泽东撰写了《关于纠正党内错误思想》的文章，认为在革命队伍内部要实现批评与自我批评，对当时共产党内部存在的各类阶级思想作出了有效的抨击。利用批评与自我批评，能保证共产党党风建设的顺利进行。延安整风运动中，毛泽东强调要利用惩前毖后的方针政策，批评党内存在的各类"左"倾和右倾两种思想，要将自我批评的优良传统，融入中国共产党的执政建设中，只有这样才能保证中国革命的顺利进行。

4.面向大众的文艺文化思想

毛泽东在延安文艺座谈会上的讲话中重点对马克思主义文化观作出了新的阐述，这一阶段马克思思想得到了进一步升华，这一过程中毛泽东思想被当时学者评价为是中国的马克思主义。在延安文艺座谈会上的讲话中，毛泽东提到了积极的指引作用，这不仅从理论上、实践层面促进了马克思主义思想的传播，更创作了大量优秀的文艺作品，这对中国文艺事业的发展起到了积极的促进作用。随着文艺工作的引入以及我国文艺创作的繁荣，批判性的文化观也出现在社会中，这主要根源于这部分人没有从客观与实践角度出发，对毛泽东《在延安文艺座谈会上的讲话》中的文化意义和历史前景作出系统的阐述，在后现代文化批评观念的传播中，影响了人民对文化思想的认识。在这种双重影响下，导致文化思想传播受限。早在延安讲话中，毛泽东就提出国外文艺作品是我们思想力量的源泉，文艺作品不仅要将国外思想和古代思想结合起来，更要实现不同文化间的相互融合，为此，要对人们生活中存在的各类文学艺术作出深刻的阐述。文学艺术不仅来源于现实生活，还来源于现实生活中的创造，这些不同元素是保障文化创造力的基本途径。只有在传承性发展中才能保障创新，才能将实践与理论结合起来，才能重点解决文化传播问题。这表明在历史革命中，文化传播更容易创造优秀文化艺术成果，更容易吸收有益的东西，且将此作为文学艺术创造的根本来源。

文学艺术的传播中要积极引导、积极规划，在文野之分、高低之分、粗细之分背景下，要保障古往今来优秀艺术文化成果的传播、艺术创新力的提升，要发扬创新精神，要构建有效的传播发展路径，这样能避免文艺工作中出现的很多问题。针对延安时期存在的诸多问题，毛泽东对此提出了标准性批判，包括艺术标准和政治标准，其中注意到了文艺批判不需要宗派主义，而应该在抗日团结原则基础上，重点对各类文艺作品作出有效的分析，但这类批评以原则立场的支持为基准，要批判那些反科学反社会、反民族反大众的文化，这些文艺缺少对社会的积极引导。新文化运动传播机制的制定应该保障文化的传播，文化思想以及文化的传播不应该与社会发展相违背。结合艺术评判的相关标准，艺术作品对思想传播起到了积极指引作用，好的艺术作品更能实现文化思想的传播，艺术家几乎没有人不认为自己作品是完美的，因此，批判的过程中要保障自由竞争，按照艺术科学标准及正确评价来展开，要意识到较低层级的艺术会被取而代之，成为较高的艺术。但这不利于人民群众对于艺术形式的改变，由此在对历史文化批判中，要从历史唯物主义的观点出发。避免抽象、绝对不变的政治标准，随着社会的发展以及时代的进步，阶级变化和政治标准变化出现了深刻变革，历史文化标准的界定中，要以客观事实评价及标准制定为基本目标，社会发展中不应该以政治为标准，更不应该以艺术为标准，而是应该将客观现实与社会发展结合起来，正确处理艺术标准与政治标准间的关系。要从根本上在文艺作品中落实政治性任务，要兼顾艺术性问题处理，要在保障内容形式统一的基础上实现共同发展，避免对文化思想的错误认识。

5.统战文化思想

实际在团结进步抗战等思想传播中，呈现出了统战文化观，这一观念是中国共产党在"七七"纪念时期提出的重要方针，这三者缺一不可，"团结、进步、抗战"也叫作三位一体方针。抗战要以进步、团结为基本标准，如果缺少这两者间的联系，那么抗战的胜利就不可能实现，革命的胜利是在团结抗战及其创新发展中完成的。其中要团结一切可以团结的力量，毛泽东在统一战线思想建立中，始终以马克思主义思想为指导，其主要强调了要结合中国具体实际情况，重点发展马克思列宁主义，在指导思想的传播及发展中，要在中国共产党的各个阶段制定有效的改革方针及规划，革命改革中要利用实践的方式，以形成多种方法与途径，保障统战文化观的传播与发展。实际统战文化观的传播中要具备一系列原则和方法，具体内容如下：

第一，统战文化观具备独立性特征，统一战线思想强调了党派性质之间以及无产阶级之间的独立自主性原则，这一原则明确了统一战线规划中，要将政治党派与无产阶级结合在一起，将思想政治提高到新的高度，要保障自己享有的主权实现控制与支配。

第二，统战文化观的思想传播中要区分对待，将各类原则和方法结合在一起，中国共产党革命文化传播中，曾经出现过顽固派、守旧派，这些人思想过于守旧，且不容易接受新鲜事物，为此，新民主主义文化传播过程中要逐个击破，争取多数反对少数，避免统一战线中出现的各类矛盾，要对顽固势力作出有效的抨击，要保障某条原则的制定。

第三，原则的实施中要保证灵活性原则以及坚定性原则。毛泽东始终认为文化传播中原则性是必须坚持的，在原则性的统一及规划中，有必要落实灵活性，统一战线虽然倡导协调发展，但不代表没有主权，无论是无产阶级政党还是共产党都要具备自己的独立性，要反对少数以展现自身特点。

相对来说，毛泽东统一战线思想是一个整体，在整体发展中要以逻辑变化为基准，而民主革命改革及建设发展中，统一战线思想出现了新的变化。在革命改革道路中，共产党要以革命时期所出现的各类矛盾分析为核心，在基本原则指引下，转变统一战线性质、范围和目标。在统一战线的对象性分析中，要适应革命时期发展规划，中国共产党要在最大限度范围内，团结一切可以团结的力量，发挥各种优势，从而赢得新民主主义革命与社会主义建设的创新性发展。

毛泽东统一战线思想包括纵向内容与横向内容分析，这两个方面内容都对这一战略思想作出了全新的阐述。纵向层面分析，包括国共统一战线、抗日民族统一战线、工农统一战线以及人民民主统一战线，这些实践思想的传播对文化思想的传承起到了积极指引。随着不同阶段矛盾的出现，在革命目标的实现以及革命改革发展中，统一战线要作出全面调整。横向层面分析，包括工人阶级、农民联盟以及基础性工作，在民族资产阶级联盟改革及发展中要保障革命文化思想的传播。作为广泛的统一战线，要在坚持联盟规划基础上落实党的决定性地位和规划，要在联盟中坚持统一战略规划及实施等基本策略，其中要坚守原则性的东西，更要做到具体问题具体分析。例如在实际问题处理中，要保障灵活性、原则性的统一，要落实民主协商制度，加强创新性、坚定性、内容性、时代性、联盟性的统一，这成为毛泽东统一战线的基本特点，在未来要全面阐述毛泽东统一战线思想，更要保障积极指引性作用。

（二）毛泽东关于文化自信思想的重要意义

1.毛泽东文化思想的历史价值

（1）发展了马克思列宁主义文化建设思想

毛泽东文化思想具有历史价值，与我国具体实践融合起来。在如何对待文化问题及认识文化中具备一定的创新。历史是发展的，是不以人的意志为转移的，当时我国政治与经济呈现出新的发展方向，在这种辩证关系与辩证思想的影响下，毛泽东文化思想注意到了历史发展的过程，注意到了具备的客观规律性，并将此与当时社会历史发展情况结合起来，创造性地指明了我国文化建设及改革的方向。随着社会实践的深化与改革，人们对于文化的看法也发生了转变，但发展要以时代发展为先导，要加强新内容及新方法的创新。毛泽东文化思想创新发展中，时刻以时代变迁、历史发展规律为基准。理论层面分析毛泽东文化思想是中国先进文化的理论源头。文化思想包含在毛泽东思想中，并成功运用在经济辩证关系的解决上。

（2）促进了当代文化自信与文化自觉

毛泽东文化思想来源于新民主主义、社会主义革命建设发展时期。新民主主义革命时期形成了当代文化自信与文化自觉的实践，其思想理论是我国文化革命建设的指导，在推动中国革命建设发展以及文化创新中发挥着重要的作用和意义，特别是在文化革命建设改革中起到了指导性作用。当前，我国已进入社会主义发展新阶段，这一阶段要始终将毛泽东文化思想作为社会主义建设发展的总章程。随着当代文化自信与文化自觉的提出，这表明了社会主义建设中精神文明建设的重要性。发展社会主义先进文化理论、构建和谐文化都与毛泽东文化思想紧密相连，对中国文化建设繁荣起到了至关重要的作用。毛泽东文化思想在社会主义创新发展中，在改革建设中，对我国文化建设、社会主义精神文化的传承起到了积极的促进作用，然而在取得成就的过程中，也应该注意到社会主义文化强国建设中面临的一系列问题。其中文化自信与文化自觉的缺失尤为明显，如何在改革创新发展中继承和发扬我国传统文化，如何保障文化自信不仅是现实问题，更是理论中需要积极思考的问题。

文化不仅关系到对文化的认识了解，更关乎着文化的自觉，如此，在这一问题的回答中，要重点从毛泽东文化思想进行分析，要探究其出现的本质及内涵，要重新获得启示，要在借鉴毛泽东文化问题处理中获取新的思路和方法。对于当代毛泽东文化思想而言，在文化自信与文化自觉的发展中具有重要作用和意义。这强调了我们要学习和回顾中国历史，要充分了解中国传统文化的体系及内涵，要吸取精华，加强传统文化的自觉性，加强对本土文化的认识。除此之外，要吸收并学习外来优秀文化，要学习国外先进文化、发扬传统文化。在文化自信与文化自觉中，要非常注重人民的、大众的、科学的文化理念的传承，文化建设及发展中要重视原创，突出文化主体性，增强创新意识。文化建设及改革实践中，要加强对党的文化发展史的研究，将此作为马克思文化理论的开端。在毛泽东文化理论的研究中要注意到其科学性，要将社会主义文化强国建设与毛泽东文化思想及理论结合在一起，要在新时代背景下丰富和完善毛泽东文化理论，要充分发扬毛泽东文化理论的自觉、自信、自强。

（3）明确了新民主主义革命文化的方向

中国共产党从成立之日起，就在先进文化道路上作出了积极探索，践行了中华优秀传统文化。毛泽东是优秀传统文化的弘扬者、传承者，在历史及现实等条件下，毛泽东探索性地提出了新民主主义文化是科学的、民族的、大众的文化，而这也是社会主义文化的基本特征。当代文化要始终将马克思列宁主义作为基本指导，然后要在革命建设及改革中将这一思想与具体实践结合起来，中国共产党更是从理论中积极探索，将这些思想应用在中国具体实际情况当中，明确了新民主主义革命文化的发展方向。毛泽东文化思想中始终将工人阶级作为先锋队，这是当代民族文化的重要组成。中国革命建设实践要从根本上展现中国气派，要创造人民能够接受的大众文化，民族的文化就是大众的文化，其中更是包含了新民主主义文化。在各类文化思想汇聚与交融的过程中，要始终从中国革命问题的解决入手，要立足本民族实际情况，要不断创新发展，要创造中国作风的新文化。总之，毛泽东文化思想是民族、社会、大众的文化，具有明确的发展方向。

（4）开启了社会主义文化建设的源头

毛泽东文化思想开启了社会主义文化建设的源头，毛泽东文化思想是民族的、科学的、大众的文化，这已经成为当前中国特色社会主义文化发展的理论基础和基本内涵。虽然毛泽东晚年在文化问题的处理中犯了错误，但不能就此否定毛泽东文化思想。毛泽东文化思想本身就具备科学性，事实上，在随后的各代领导人文化思想中，党和国家领导人对毛泽东科学文化思想作出了积极的探索。中国特色社会主义文化理论是建立在毛泽东文化思想基础之上的，是毛泽东文化理论在中国特色社会主义实践中的新成果、新探索，具备科学内涵。

2.毛泽东文化自信思想的当代启示

（1）保障了思想政治教育的实践

毛泽东文化思想吸收了西方先进的文化精华，融入了思想政治教育的实践，中国共产党在革命奋斗时期创造凝结的民族文化，就是革命文化。面对民不聊生、山河破碎的现实，各族人民不屈不挠，取得了伟大的胜利，创造了伟大的奇迹，这根源于对西方先进文化的吸收及结合实际的中国马克思主义——毛泽东思想，中国人民民族精神、中国共产党优良传统优良作风都来源于新革命文化，这些都是中国共产党和中国人民的宝贵财富，是广大人民群众及党员干部的精神动力，这些探索中的成果和经验武装了毛泽东文化思想。整体层面分析，毛泽东文化思想来源于革命文化又创造了革命文化，是在吸收先进文化精华后创造的，是革命精神的传播，总结和发扬了优良革命传统。这些思想在文化改革、文艺工作宣传中发挥着重要作用，在推动党员干部践行革命精神方面提供了重要的支撑，他还创作了优秀的革命文艺作品，宣扬革命精神。毛泽东对革命文化充满自信，毛泽东文化思想中包含了自信、自觉、为人民服务等理念。这些都彰显了文化自信与文化内涵的基本内容，毛泽东注重革命精神的总结发扬，将英雄主义革命精神升华为革命文化，在文艺工作创作中这些文化都发挥着重要作用。毛泽东还创造了大量优秀革命作品，用来宣扬革命精神。革命文化方面毛泽东充满自信与自觉，社会主义核心价值观建立在传统优秀文化、革命文化、社会主义文化基础之上，并且和新时代中国特色社会主义实践及改革经验联系紧密，并形成了中华民族共同的精神纽带。社会主义核心价值观是我国思想道德精神传播的基础，弘扬革命文化、践行和培育社会主义核心价值观是文化自信的本质要求，是国家文化软实力的象征。从本质层面分析，社会主义核心价值观就是凝聚力、生命力、感召力，这与毛泽东文化思想紧密相连。

（2）指明了中国共产党新时代文化选择的方向

毛泽东文化思想为中国共产党新时代文化选择提供了借鉴，这根源于毛泽东文化思想是马列主义文化思想的继承，并建立在马列主义文化思想基础之上。无数事实表明，马克思主义文化思想是无产阶级文化思想的基本来源，是在实践中建立的。毛泽东文化思想能提高党的执政水平，为党的执政建设提供理论指导。无产阶级政党建设中，马克思恩格斯列宁等人都从不同角度作出了精辟的论述，在无产阶级政党正确领导中，还存在很多困境，然而毛泽东在这些人的理论思想基础之上，结合我国实际情况，创造了毛泽东文化思想。这对于党和国家执政水平建设及提高起到了积极促进作用。对于马克思恩格斯列宁而言，没有关注文化的现实演变过程，因此，也没有将基本原理成功运用在文化领域。对于文化问题的解决仅局限在对文化发展的美好期望。虽然列宁转变了无产阶级的现实性问题，提出"文艺要为千千万万的劳动人民"的观点，但是这些观点的提出并没有从根本上解决社会主义国家建设中出现的各类文化问题。毛泽东作为马克思主义者，其在长期实践与革命建设的探索中，将马克思主义基本原理与我国新文化建设紧密结合起来，利用科学方法、科学理论，传承了我国传统文化，并继承了传统文化中的优良传统，吸收了外来先进文化，提出了实践中要文化创新，并构建了符合我国社会主义发展方向及国情的新文化。在文化理论原则及文化建设方面给予了新的指导，这给马列主义思想注入了新的活力。毛泽东文化思想正确处理了政治、经济、文化三者之间的联系，提出文化思想传播要以马克思主义辩证唯物论中关于经济基础决定上层建筑的论述，文化是广大人民群众的文化，文化是为人民大众服务的，这些都继承和发展了列宁关于文化思想的基本内涵。毛泽东文化思想中还号召文艺家们要深入社会，要到群众中去创作，这才是文化创作的根本途径。

（3）增强了文化自觉形成的动力

毛泽东文化思想的形成是中国文化由传统向现代的转变。传统文化的发扬在当代仍具备现实意义和指导意义，国家的现代化建设更要以文化传统为依托。如果传统文化不能保证现代化实践，那么这部分文化在走向现代化过程中必定会导致对历史把握不足，对现代化目标把握不足。中国文化转型是由传统文化向现代文化逐步过渡并发展的。原有封闭的中央集权君主制度，在一定程度上影响了我国经济建设及发展，因此，需要摒弃这些落后的文化。传统文化转型发展要避免压抑个性、盲目崇拜，要彰显近代文化的包容。虽然，传统文化在民族和国家改革中作出创新，然而，不同文化影响下现代文明与传统文明发生了冲突。因此，思想家们开始反复探索，对民族传统文化的改革之路反复思考，新文化因素的影响下，在封建社会转变的过程中，传统文化出现根本性变革，中国思想文化呈现出新的面貌。

中华民族精神的脊梁是中华优秀传统文化，中国传统文化经历了数千年传承与发展，凝聚了中华民族改造自然的社会历史经验，是当代文化自信的历史根源。当前中华民族生生不息、发展壮大，优秀传统文化承载着五千多年丰富历史。这些为人民的精神生活造成了新的影响，对于当代文化而言，有部分来源于中华优秀传统文化，其在创新文化主体过程中，文化认知性提升中发挥了重要作用。未来在优良文化传播中，不仅要向各阶层文化主体展现中华民族优秀传统文化，更要展现我国灿烂文化成果，这是提高我国综合实力、增强民族创造力的根本。中华优秀传统文化是文化自信的根源，这是文化自信的本源性的体现。当代文化发展中，优秀传统文化是本土认识的重要组成，能够增强文化主体对传统文化的继承，文化主体性会影响民族文化身份认同观、价值观，其中更加明确了对文化价值、文化理念的肯定，这为文化自信的传播与发展提供了依据。

毛泽东文化思想彰显了中华民族优秀传统文化，中华优秀传统文化博大精深，且具备优越性，为全民族创新发展提供了精神力量。在当代社会中华优秀传统文化是人民的精神归宿，文化自信中更要弘扬优秀传统文化，要结合时代发展特征，实现文化的创新性发展及创造性转化。要激发传统文化现代活力。创造性转换指的是现代社会中，要深入挖掘传统文化中的价值观念、思想理论、实践要求标准，要转变陈旧的发展模式，要利用原则和思想，将传统文化转变为现代的表现方式，而这不仅符合时代发展要求，更符合时代特征。当代文化思想的传播中要继承优良传统文化，要结合时代特征实现毛泽东文化思想的创新发展，创新性发展要求在分析毛泽东文化思想深刻内涵及本质基础上，要对此进行全面拓展，增强其时代价值，内涵要探求新事物以提高影响力。传统文化思想传承与发扬要有创新，要避免将其列入传统博物馆中。当前，特定市场经济条件及市场环境发展中，要思考新的文化发展方向，文化如果不加以创新的话，这部分传统文化很容易被抛弃，传统文化是文化自信的动力，是文化自信的思想传承。文化现代化转型需具备现实和指导意义，特别是传统文化思想中要树立新的发展方向，要取其精华去伪存真，要摒弃传统文化中封建落后思想。无数事实表明，传统历史文化要不断推陈出新，实现创新性发展、创造性转化，将传统文化运用在文化实践中，接受实践的检验。在具体现实中，要结合新的社会认知及理念，逐步创新并深化理论，为新理论的传播提供现实依据。历史条件下文化的创新性发展及创造性转化是文化创新的根本，也是文化自信的基本动力。

（4）引领了中国特色社会主义文化自信的传播

毛泽东文化思想的传承与发展始终立足时代精神，从历史唯物角度出发，在我国经济、政治建设中彰显新文化建设的本质，在文化思想的传播及发展中为新时代文化的选择提供了借鉴，在传播传统文化基础上加强了实际文化思想的传播，在广泛吸收民主性文化，剔除封建思想后，为现代文化选择提供借鉴。毛泽东文化思想中从本质上强调了要借鉴外来文化，要虚心学习，文化建设中要始终从民族解放斗争以及人民群众实际需要出发。毛泽东文化思想中体现了中华民族新文化建设的优良传统，明确了新文化建设及发展中要博采众长，要对外开放，要补己之短。总之，毛泽东文化思想发展为中国共产党新时代文化选择提供了借鉴。习近平总书记多次提到中华优秀传统文化的重要性，并强调中华民族独特的精神品质，伟大的奋斗精神、创造精神、团结精神，这是习近平总书记对中国传统文化、中国人民精神品质的凝练与概括。优秀传统文化是中华民族的根基，是宝贵的精神财富。五千年优秀传统文化拥有的民族精神是制度自信、道路自信、理论自信的基础，更是文化自信传承的根据。毛泽东思想中包含了文化思想，这一思想在马列主义引导下，是具备大众性、民族性的，能够科学辩证地传承中华传统文化，能够做到古为今用、洋为中用，这是毛泽东对待优秀传统文化及新兴文化的基本策略。现如今政治多极化，经济全球化，在这一历史背景下，更需要毛泽东文化思想，现如今中国特色社会主义进入新的发展阶段，社会矛盾发生改变，我国经济及政治体制改革进入关键时刻，面临的任务依然严峻，在这新形势条件下，中国共产党要给予人民足够的信心，要提高凝聚力，增强国家文化自信。

二、改革开放以来文化发展相关理论

（一）改革开放以来的文化自信来源

当代中国的改革开放，是决定中国发展命运的关键抉择。历史走过40多年，中国发生了划时代的巨变。尤其是我们成功地探索出了一条中国特色社会主义现代化发展道路，并且面向未来开启了全面建设社会主义现代化国家的新征程。这一巨大成就的取得，不但让亿万中国人民告别贫困、步入小康，而且还极大地增强了中国共产党人的文化自信。党的十八大以来，习近平总书记曾在许多场合强调文化自信，并明确指出文化自信是"更基础、更广泛、更深厚的自信"。这表明了文化自信既是一种文化理念，更是一种指导思想，是引领中国社会走向未来的行动指南。当前，中国道路、中国智慧、中国方案乃至中国机遇日益受到全世界的关注，中国已经成为世界上其他国家，尤其是谋求走向现代化的发展中国家的重要借鉴。

何谓文化自信？一般说来，文化自信是一个民族、一个国家以及一个政党对自身文化价值的充分肯定和积极践行，是对其文化生命力持有的坚定信心。文化自信既指向历史，也指向现实，因此对文化自信问题的思考，需要在历史与未来、中国与世界的时空张力中展开。中国的文化自信不仅来自中华优秀传统文化的深厚积淀与传承，还来自全球化背景下中国文化发展所呈现出来的勃勃生机，更来自中国特色社会主义现代化实践所取得的辉煌成就。当世界都在关注中国发展时，我们自己也应该进行反思与总结，认清楚我们自己的文化优势与特色，进一步增强文化自信，从而在人类未来文明进步与现代化发展的大潮中展现出更大的作为。

1.中国改革开放与市场经济发展，为文化自信的生成奠定了物质基础

文化自信绝不是一厢情愿式的、毫无根据的主观臆想，它需要立足于坚实的物质基础之上。始于40多年前的改革开放，是现代中国具有历史意义的伟大实践。经过改革开放，我国取得了令世界震撼的社会主义现代化建设的巨大成就。我国坚持以经济建设为中心，一心一意谋发展，使得综合国力迈上一个又一个新台阶。同时，我国供给侧结构性改革稳步推进，经济结构不断优化，以数字经济等为标志的新兴产业呈现快速发展态势。农业现代化稳步推进，高铁、公路、桥梁、港口、机场等基础设施建设快速发展。

随着综合国力的日益强大，我国人民生活水平得到了明显的改善，人民生活总体上达到了小康水平。同时，资源节约型、环境友好型社会建设取得了巨大进展，人居环境日益改善。而我国经济的持续健康发展，为实现中华民族伟大复兴中国梦注入了强大的动力。"仓廪实而知礼节"，我们所取得的这些历史性成就和社会巨变，无疑是我们今天坚

定文化自信的物质基础、社会前提和时代条件，其为中国特色社会主义文化发展繁荣提供了深厚的现实土壤和众多的有利条件。当前，中华民族实现伟大复兴，进一步走近世界舞台中心，已经展示出了光明的广阔前景，全民族的自信心空前高涨。

2.上下五千年历史和优秀传统文化构成了文化自信的底色

人是一种历史的、文化的存在，每个民族在向未来前行的过程中都需要以史为鉴、温故而知新。马克思曾表示："人们自己创造自己的历史，但是他们并不是随心所欲地创造，并不是在他们自己选定的条件下创造，而是在直接碰到的、既定的、从过去承继下来的条件下创造。"就其本质来说，当代中国的文化自信是建立在中华五千多年文明传承的基础之上的。正如习近平总书记所强调的："站立在960多万平方公里的广袤土地上，吸吮着中华民族漫长奋斗积累的文化养分，拥有13亿中国人民聚合的磅礴之力，我们走自己的路，具有无比广阔的舞台，具有无比深厚的历史底蕴，具有无比强大的前进定力。中国人民应该有这个信心，每一个中国人都应该有这个信心。"

党的十九大报告明确指出，"中国特色社会主义文化，源自中华民族五千多年文明历史所孕育的中华优秀传统文化，熔铸于党领导人民在革命、建设、改革中创造的革命文化和社会主义先进文化，植根于中国特色社会主义伟大实践"。习近平总书记进一步将中华优秀传统文化提升到"中华民族的基因""民族文化血脉""中华民族的精神命脉"的高度。传统文化作为中华民族的精神家园，是中华民族的精神源头和"老根"，一个民族只有对自己的文化基因有一种自觉的认同，才能有力地增强民族自信心、民族自豪感和民族凝聚力。优秀传统文化之所以能够构成文化自信的底色，源于其内涵的核心价值诉求。比如，"天行健，君子以自强不息""地势坤，君子以厚德载物"中，"自强不息"表达的是中国人在处理人与自然关系时的百折不挠的奋斗精神，"厚德载物"表达的是中国人在处理人与人、人与社会关系时的贵和持中、达观包容精神。人生在世，其基本实践主题就是"为人"与"处世"，而中华优秀传统文化告诉我们，"为人"要"厚德载物"，要涵养自己宽厚的德行去承载万事万物；"处世"要"自强不息"，自然的运行有其固有的规律，一颗种子在地下伸展根系吸收水分养料，最后破土而出，茁壮成长，回报给人类丰硕的果实。常言道"越是民族的才越是世界的"，在当前中国文化与世界文化的交流互动中，我们愈加感受到中华传统文化的魅力。可以说，正是中华优秀传统文化构成了中华民族精神之魂，成就了中华民族鲜明的民族品格。

3.市场经济实践催生了社会文化的多元化发展，培育了文化自信的社会基础

一个民族文化自信的现实生成，需要广泛的社会基础，需要造就基本的社会心理，营造良好的文化氛围。丰富多彩的文化能够造就健康的社会文化环境。改革开放40多年来，中国社会的文化分层呈现加快态势，正经历多元化发展阶段。文化形态从主流文化为主的一元向多元共生变迁。目前来看，中国社会最具影响力的文化形态主要有四种，即主流文化、精英文化、传统文化、大众文化。文化的多元化发展是一种社会历史潮流，不同形态文化的交流互鉴，能够促进文化的大发展、大繁荣。

然而，当前这四种文化的发展也面临着一些困境。比如，体现中国共产党和国家价值追求的主流文化在这些年发展得较好，可谓一枝独秀。但同时也面临问题，即如何以大众喜闻乐见、愿意认同和接受的形式呈现，形成广泛的社会心理认同。精英文化应该是社会恒常价值的守护者，但是在社会转型过程中，在市场、官场等各种因素的诱惑之下，一些知识分子的自律性、使命感、道德感却发生了偏离。对于传统文化而言，当前面临的最大问题就是如何从一种新的时代视角进行创造性转化，让传统活在今天。传统文化的核心就是传承，传承的应当是能代表社会发展脉动、体现社会发展趋势的部分。但现在仍有一些人借着弘扬传统，不问价值，拿来即用，导致糟粕充斥社会生活，需要警惕。大众文化作为伴随中国改革开放发展起来的文化形态，40多年来，在社会生

活中呈现蓬勃发展的趋势。当一个社会进入现代化阶段时,大众文化就会成为一种主导性的文化消费形式。大众文化有三个基本特点:其一,以工业化制作为手段,可复制、可批量生产;其二,市场化运作,都市大众是消费主体;其三,感性化、平面化消费,缺少深度和价值追求。比如,当前我国的一些大众文化产品过度追逐市场利益,导致"三俗"问题出现。

此外,主流文化、精英文化、传统文化、大众文化这四种文化形态之间还存在发展不平衡的问题,如何使其各安其位、各尽其职、平衡发展,需要进一步探索。随着社会多样化的发展,特别是大众文化的兴起,价值观多元化问题逐渐凸显。比如,目前我国存在价值诉求混乱等问题,宫廷戏充斥电视屏幕,古装片、帝王戏在某种程度上传递了一种官本位、封建等级意识。而解决这些问题需要从学理层面、社会层面进行价值引导,打造健康的文化环境,让各种文化形态和谐发展,各竞一时之秀。

4.全球化发展促进了世界文化的交流,增强了文化自觉意识

从根本说来,全球化的本质乃是以工业文明为核心的人类现代化的发展进程,在从发达国家向发展中国家的普及与拓展过程中,市场经济、工业文明、现代化以及民主化等都是全球化语境下的核心概念。全球化意味着每个民族的发展离不开与世界的互动。一方面,每个民族和国家都要积极参与世界共同价值的培育与创造,并对这种共同价值予以自觉的守护与认同;另一方面,每个民族和国家都要自觉守护自我文化的独特性与个性,并积极与其他民族进行文化交流,向世界展示自身民族文化的魅力。而这种双重关切需要建立在文化自觉的基础之上。我国著名社会学家费孝通先生就曾经提出"文化自觉"的观念,他认为我们今天强调文化自觉,其重要意义就在于生活在一定文化中的人,对其文化要有"自知之明",明白它的来历、形成过程、所具有的特色以及发展趋向,"自知之明"是为了加强文化转型的自主能力,取得适应新环境、新时代文化选择的自主地位。

文化自觉和文化自信具有内在的相互关联性，文化自觉是文化自信的前提与基础，一个民族只有对自身文化具有充分的自我认知，看到自己的优点与不足，才能够建立起真正的文化自信；而文化自信是文化自觉的必然结果，如果没有文化自信，文化自觉将是水上浮萍，没有根基，最终难以落到实处。从文化自觉的角度来说，我们尤其要注意扬弃那种非此即彼的两极对立思维，保有文化建设与交流上的平常心，既不妄自菲薄，又不妄自尊大，要在中国文化与世界文化、民族文化与现代文化之间找到一种平衡和张力，既要注重对悠久厚重的中华优秀传统文化的弘扬，更要注重对民族文化的自我反省与批判，激发现代化建设的内在动力。

5.社会主义先进文化日渐形成，成为引领中国文化健康发展的核心动力

中国特色社会主义进入新时代，新时代需要社会主义先进文化的引领。改革开放以来，我国对于社会主义先进文化的认识有了一个逐渐清晰的过程，这就是以马克思主义为指导思想的，以培养有理想、有道德、有文化、有纪律的公民为目标的，面向现代化、面向世界、面向未来的，具有中国风格、中国特色的社会主义文化。社会主义先进文化是在艰苦探索、继承创新并逐渐完善的过程中形成的，是当代中国社会转型与现代化实践的文化结晶。具体说来，中国特色社会主义先进文化植根于中华优秀传统文化和中国共产党的革命文化，形成并发展于中国共产党团结带领全国人民进行革命、建设与改革开放的现代化实践，这是一种适应现代社会历史发展内在要求的新的文化范式。因此，可以说，中国特色社会主义先进文化在形成中有机融合了中华优秀传统文化、外来文化、革命文化等，并日渐成为引领中国文化健康发展的核心动力。

文化自信的确立是实现中华民族伟大复兴的重要前提，我们要不断深化改革开放，不断增强中国特色社会主义先进文化的影响力。需要特别强调的是，在社会主义先进文化的发展过程中，社会主义核心价值观居于主导与核心地位，它从国家层面、社会层面和个体层面分别阐释了

其丰富的内涵。可以说，社会主义核心价值观作为我们建设社会主义先进文化的指导思想，对于全社会的精神文明建设具有重要的价值规范作用，决定了我国社会主义先进文化的发展方向以及根本目的。中国改革开放40多年的伟大实践印证了我们所坚守和推进这一文化理念的正确性，必将让我们在未来的社会实践中更加坚定文化自信，从容迎接更加光明的未来。

（二）改革开放以来我国领导人对文化自信发展的相关理论阐述

改革开放极大地发展了社会主义生产力，丰富了马克思主义理论和社会主义建设理论。经济基础决定上层建筑，社会主义市场经济制度确立以来，我国的物质条件获得了长足的改善，国家经济实力明显提高，经济的大发展、大繁荣带动了社会主义文化事业的蓬勃发展。

中国共产党的文化自信并不是一蹴而就的。十一届三中全会以来，中国共产党数代中央领导集体不断推进具有中国特色的社会主义文化建设，通过大力发展文化事业和文化产业、加强精神文明建设来提高国民的文化自信，产生了许多具有重要理论和实践价值的文化思想理论，这些文化思想体现了党的文化自信。党的十八大以来，习近平总书记站在时代的高度，在许多重要场合提及"文化自信"。"文化自信"现已列入党章。从此中国共产党培育文化自信事业有了更加完备的指导思想。

列宁曾说："要透彻地说明这个问题，必须知道这个问题的历史。"这部分内容主要梳理和分析改革开放40多年来中国共产党历代中央领导集体的文化思想与文化自信相关理论。

1.邓小平的文化自信思想

（1）邓小平关于文化建设的主要思想

首先，实现思想解放。"文化大革命"时期，党内形成了严重的个人崇拜风气，与毛泽东同志提出的实事求是思想路线相违背，对待传统文化、外来文化失去了正确的评价标准，中国文化发展陷入了严重的倒退。1978年，党的十一届三中全会召开，标志着我国社会主义建设道路中一次伟大的转折。邓小平同志为了纠正"左"倾错误倾向，在党内开展了"实践是检验真理的唯一标准"的大讨论，在政治上实现了拨乱反正，在文化上实现了彻底解放，重新确立了实事求是的思想路线。

其次，推进精神文明建设。党的十二大上，邓小平第一次提出"建设有中国特色的社会主义"的建设目标，并在十二大报告中详细阐述了关于"建设社会主义精神文明"的具体内涵，提出了社会主义精神文明的两个基本内容：文化建设和思想建设。1986年，党的十二届六中全会专门讨论精神文明建设问题，在《中共中央有关建设社会主义精神文明的指导方针的决议》里明确指出了现代化建设的总布局与社会主义精神文明建设的具体内容。邓小平继承了毛泽东重视发展社会主义文化的建设思想，提出"精神文明与物质文明两手抓两手都要硬"的发展方针，以经济建设为中心，着力培育社会主义精神文明。邓小平改变了文化从属于政治的附属地位，为改革开放后中国文化的快速发展奠定了思想基础。

再次，加强科学文化教育事业发展。科教文卫等文化事业是精神文明建设的载体，邓小平十分强调科学与教育在发展国民经济社会方面的重要作用。1992年邓小平在南方视察时指出："经济发展得快一点，必须依靠科技和教育。"为了实现提高全民族素质的战略目标，邓小平提出了培育社会主义"四有青年"的主张，具体内容为：有文化、有理想、有纪律、有道德。邓小平也十分重视人才的作用，提出"一定要在党内造成一种空气：尊重知识，尊重人才"，重新确立起知识分子的地位，对知识分子在社会主义现代化建设中的作用给予了充分肯定。

最后，合理继承与批判吸收中外文化成果。邓小平反对"文化大革命"时期"批林批孔，破除四旧"的对待传统文化一刀切方式，并在十一届三中全会后明确提出要对中华民族传统文化中符合社会主义建设方向的有益部分进行大力提倡和发扬，并要以马克思主义理论和改革开放思想为指导，发扬中华优秀传统文化，提出要发展"具有民族风格和时代特色的社会主义新文化"。在对待外来文化上，邓小平保持包容和开放的态度，提出不管我国的科学技术如何发展，都需要学习外国。邓小平还指出，社会主义想要优于资本主义，就必须"对人类社会全部的文明成果进行大胆的借鉴与吸收"。

（2）邓小平文化自信思想的表现

邓小平的文化自信思想主要表现在他对历史遗留问题的态度上、对待传统文化与外来文化的态度上、对待科学与人才的态度上。

首先，邓小平正确处理"文化大革命"遗留的问题，尽管政治上实现了彻底的拨乱反正，认清"文化大革命"的错误思想，但邓小平没有一味否定前任领导人的理论方法，而是继承和发扬毛泽东实事求是的思想精髓，牢牢抓住社会主义发展方向，表现了对马列主义理论和党的根本路线的自信。

其次，邓小平以科学的态度批判继承中华传统文化，以开放包容的心态吸收借鉴外来文化的有益成果，表明了对本民族优秀文化传统现实发展上的自信以及社会主义文化抵制外来文化中不良因素的防范能力的自信。

最后，以邓小平同志为核心的党的第二代中央领导集体在把全局工作转向经济建设的同时，大力发展科教文卫事业，重视提高国民素质，肯定和尊重知识分子的地位作用，体现了对社会主义文化发展依靠力量的自信。

2.江泽民的文化自信思想

（1）江泽民关于文化建设的主要思想

首先，坚定文化的前进方向。改革开放的前十年，国际格局发生了微妙的变化，美苏争霸中，以苏联为首的社会主义国家逐渐处于劣势。国外敌对势力不断对我国进行思想渗透，企图用和平演变的方式摧毁我国社会主义建设事业。20世纪80年代末90年代初，东欧剧变，苏联解体。国际社会主义阵营力量遭到严重削弱，社会主义文化也受到一定程度干扰，这给刚刚起步的改革开放事业增加了前所未有的阻碍。为了维护社会主义国家的文化安全和文化领导权，积极应对西方文化的意识形态渗透的威胁，在建党70周年大会上，江泽民同志首次提出"中国特色社会主义文化"命题，并在党的十五大报告中把中国特色社会主义文化提升到党的初级阶段基本纲领的高度。在关于中国特色社会主义文化的具体阐释中，江泽民坚持马克思主义的指导，提出要努力汲取中外文化思想精华、体现时代精神，"极大地提高全民族的思想道德和科学文化素质，促进社会主义物质文明和精神文明的发展"，把推动社会生产力的发展和社会全面进步作为根本任务。

其次，确认中国共产党先进文化的领导地位。2000年2月，江泽民在广东考察时提出了"三个代表"的理论，并明确其是"我们党的力量之源、立党之本与执政之基"，随后在江苏的党建座谈会上针对这一理论进行了深刻阐释，指明"中国先进文化的前进方向"的引领者是中国共产党，并把引领先进文化发展作为中国共产党的阶段任务。"三个代表"重要思想是马克思主义中国化的重要理论成果之一，是对马克思主义文化理论和中国共产党党建理论的丰富和发展，标志着社会主义文化建设理论走向成熟阶段。

再次，重视文化在综合国力中的重要作用。1995年全国科学技术大会上，江泽民正式界定了"科教兴国战略"的内涵与外延，继续坚持邓小平提出的"科学技术是第一生产力"的正确论断。党的十五大报告中还强调"经济、政治、文化协调发展"，强调文化建设在中国特色社会主义事业"三位一体"总体布局中的地位与作用。

最后，重视增强文化软实力。两极格局结束后，世界各国的综合国力的竞争范围日益扩大，各种因素都参与到激烈的国际竞争中，文化在其中的地位越来越关键。文化竞争力是中国现代化建设重要的思想保障和精神支撑。江泽民十分重视中华优秀传统文化，继承了邓小平对外来文化批判吸收的开放态度，提出了"弘扬主旋律，提倡多样化""以我为主、为我所用"的文化纲领，给社会主义文化建设提供了科学的方法指导。

（2）江泽民文化自信思想的表现

江泽民关于建设"社会主义先进文化"的重要思想是对中国共产党

面对信仰危机时坚持马克思主义指导思想与坚定共产主义共同理想的体现，显示了中国共产党人对领导社会主义文化发展的强大信心。他的文化自信思想主要表现在他对文化发展战略的高度把握上、文化发展规律的清醒认识上、共产党文化领导地位的使命担当上等。

首先，江泽民指明了社会主义先进文化的发展方向，明确了改革开放关键时期文化发展的指导思想、发展目标和服务对象，创造性地回答了"建设什么样的文化，怎样建设社会主义文化"的战略性问题。在领会前人文化发展思路的前提下，根据世界形势和国内思想风潮的实际情况，把"社会主义精神文明建设"逐渐转到"有中国特色的社会主义文化建设"上来，体现了时代精神和国际视野，显示出中国共产党面对国情、世情、党情变化的文化自信。

其次，江泽民对社会主义初级阶段的主要矛盾作出科学判断，有针对性地大力发展精神文明，重视文化在"三位一体布局"中的独特地位，在宣传社会主义文化、"弘扬主旋律"的同时"提倡多样化"，面对外来文化坚持"以我为主，为我所用"，着力提高文化软实力，尊重文化的发展规律，体现了文化自信的深层内涵。

最后，江泽民确认了中国共产党"先进文化代表"的主导地位，有机地统一了党的先进性和人类文明进步的历史要求，"三个代表"重要思想本质上是中国共产党的初心回归，宣告中国共产党有信心、有能力、有气魄担当中国先进文化的先锋队。

3.胡锦涛的文化自信思想

（1）胡锦涛关于文化建设的主要思想

首先，建设社会主义文化强国。进入新世纪，我国改革开放事业稳步推进，全面建成小康社会的步伐不断向前。在各项事业都取得了一定成果的同时，我国文化事业却处于比较薄弱的阶段，为了建设社会主义文化强国，提高我国文化参与国际竞争的能力，以胡锦涛为总书记的党中央领导集体开始部署文化体制的全面改革工作。2003年6月召开的文化体制改革试点工作会议系统对文化体制改革工作进行了具体谋划。

2005年党中央、国务院正式制定了《关于深化文化体制改革的若干意见》。2007年在党的第十七次全国代表大会上，胡锦涛坚持邓小平提出的科教兴国战略，把"科教兴国战略、人才强国、可持续发展战略"列为我国的发展战略。胡锦涛还在党的十七届三中全会中首次提出了"文化自信"的概念，尽管没有深入阐发，但为新时期社会主义文化发展指明了方向。

其次，提出"科学发展观"。胡锦涛指出，在文化领域内，科学发展观本质就是在新的时代条件下，逐渐形成与科学发展观相符的文化发展观。科学发展观布局了文化发展方向，指明了具体发展措施。

再次，建立社会主义核心价值体系。改革开放取得了重大成效，我国形成"全方位、多层次、宽领域"的开放格局，面对日渐复杂的文化环境和多元的价值理论对我国文化环境的冲击，必须加强我国意识形态建设。此外，胡锦涛还提出了社会主义荣辱观，给国民的道德培育提供了具体参照，指导文化强国建设。

最后，构建社会主义和谐文化。社会主义和谐文化的精神实质是"以人为本"，目的是要最终促进人的全面发展，通过大力发展教育，提升国民的科学文化素养。胡锦涛提出的和谐文化，继承了中国古代"和谐社会"的思想，体现了社会主义文化的人文关照，具有时代性。

（2）胡锦涛文化自信思想的表现

胡锦涛的文化思想始终坚持秉持中国特色社会主义文化的方向，始终保持中国共产党对于先进文化前进方向的引领地位，在此基础上也十分注重理论创新和实践延伸。首次直接提出"文化自信"概念，是胡锦涛对中国共产党文化自信思想发展的重要贡献。胡锦涛的文化自信思想主要体现在增强中华文化凝聚力、提升国家文化软实力、提高文化教化性等方面。

首先，在中华文化凝聚力的增强方面，推进社会主义核心价值体系建设是以胡锦涛为总书记的中国共产党对文化自信的理论创新和完善，体现了胡锦涛站在社会主义全局角度对马克思主义中国化的全新解读，充分反映了党在文化提升自信工作上的深刻实践。

其次，在国家文化软实力的提升方面，以胡锦涛为总书记的党中央积极推动文化体制改革，发展文化生产力。同时，胡锦涛非常注重对外宣传中华传统文化，开设了众多孔子学院并开展多种交流活动，扩大了中华文化的国际影响力。对内进行文化体制改革，对外宣传中国文化，本质上都体现了中国共产党高度的文化自信。

最后，在提高社会主义文化教化性方面，胡锦涛所阐发的社会主义荣辱观是提高国民思想道德素质相关问题的理论引领、实践表达和突破创新。社会主义荣辱观是在马克思主义思想指导下，对历久弥新的中华传统美德与锐意进取的时代精神的提炼与升华，具有民族性、时代性和实践性。体现了党中央对思想道德建设规律的认识到达了一个新的高度，对公民道德建设充满决心和信心。

三、习近平关于新时代坚定文化自信重要论述

（一）习近平关于新时代坚定文化自信重要论述的主要内容

文化自信的理论渊源主要来源于中华优秀传统文化、革命文化和社会主义先进文化。其中，中华优秀传统文化是文化自信的根基，革命文化和社会主义先进文化是建立在中华优秀传统文化的基础之上所形成的，这三种文化在社会主义现代化建设中，相互交织、互相融合，形成一个整体，植根于中国文化，他们的关系是一脉相承和继承发展的关系，体现了中华文化应物变化、与时俱进、开放包容的美好品质。

1.中华优秀传统文化是文化自信的底气之根

中国是世界四大文明古国之一，中华文明是世界上唯一没有中断过的文明，中华文化博大精深、源远流长，一直从古延续至今，中国之所以能够绵延不断，中华民族能够屹立于世界民族之林，在于中华文化本身就具有兼容并蓄、博采众长的特质。在长期民族融合的发展历史进程中，由于汉文化具有强大的感染力，其他民族的文化吸收了汉文化之所长，与此同时，汉文化也吸收了其他民族文化中的精华，经过历史的发展和演变，形成了历久弥新的中华优秀传统文化。穿越历史的时空隧

道，来到21世纪，在当今的中国，中华优秀传统文化仍然没有过时，因为它是中华民族独有的印记和精神标识，经过几千年的历史积淀，中华优秀传统文化具有深厚的历史底蕴和丰富的精神内涵。中华优秀传统文化是新时代坚定文化自信的底气，这种底气一旦拥有，中国的文化安全根基才会坚不可摧，中国在世界就更具话语权和主动权。

习近平总书记指出："中华民族有着深厚文化传统，形成了富有特色的思想体系，体现了中国人几千年来积累的知识智慧和理性思辨，这是我国的独特优势。"①中华文化主要是儒家、道家和释家三种文化组合的哲学思想体系，其中儒家文化是中华传统文化的核心和精髓。从汉武帝接受董仲舒"罢黜百家，独尊儒术"的建议开始，儒家思想就成为了中国古代正统思想，一直影响了中国两千多年。儒家注重西周的礼乐制度，讲究修身齐家治国平天下；道家强调顺应自然，人与自然和谐相处；释家也就是佛教，宣扬"众生皆苦"的思想，如何使众生摆脱苦难是佛教哲学主题思想。儒、道、释三种文化在历史上相互融合、相互交织，充分发挥各自的优势和特点，做到扬长避短，形成了一种思想体系，并且形成了一种合力，扎根于中华大地，成为中华民族独有的精神财富。

2.中国革命文化是文化自信的精神之魂

中国的革命之所以能够取得最后的成功，中国革命最终能够推翻三座大山，离不开中国共产党的正确领导，更离不开人民群众对共产党的坚定支持，特别是在抗日战争时期，党同人民群众一起抵抗外敌侵略所建立的深厚感情，是弥足珍贵的。革命文化为中国文化的发展注入了新鲜血液，也为文化自信提供了强有力的精神支撑，并成为国人的一种精神动力，激励一代又一代人成长成才。

精神是一个国家和民族赖以生存和发展的重要推动力，一个国家发展的水平，在很大程度上取决于人民精神上所达到的高度，精神犹如一面旗帜，引领时代的发展。在中国共产党带领人民群众进行革命斗争的

---

① 习近平. 习近平谈治国理政：第二卷[M]. 北京：外文出版社，2017.

过程中，形成了一些崇高的革命精神，比如红船精神、井冈山精神、长征精神、延安精神、西柏坡精神等，这些革命精神都有着共同的特征，那就是中国人民具有热爱和平、不畏强敌、英勇抗战、自强不息的优秀品质。革命精神形成了红色基因，深深地扎根于神州大地，红色基因代代相传，红色基因里又蕴藏了中华优秀传统文化中的民族精神，革命文化与中华优秀传统文化之间紧密相连、相融相通。

3.社会主义先进文化是文化自信的力量之源

社会主义先进文化的形成并不是一蹴而就的，而是在中华优秀传统文化、革命文化的基础之上孕育而生的。社会主义先进文化主要的着力点应当放在"先进"二字上，先进文化顾名思义是区别于落后的、腐朽的文化，那么，社会主义先进文化先进性究竟体现在哪里呢？主要在于它继承了中华优秀传统文化和革命文化的精髓，并且在社会主义改革和建设中，逐步发展与完善，从而为维护中国社会的和谐与稳定奠定了重要的基础。

中国共产党是马克思主义政党，一直将马克思主义基本原理同中国实际相结合，并且灵活运用于中国的革命、建设和改革的实践之中，中国共产党人始终坚持全心全意为人民服务的工作态度和工作理念，中国今天所取得的成就离不开中国共产党的正确领导，更离不开马克思主义科学的理论指导。社会主义先进文化必须坚持马克思主义，推动社会主义先进文化的建设和发展，这是原则性和根本性的问题，因为马克思主义理论本身就具有科学性和先进性的特征，一旦出现方向性错误，社会主义先进文化的发展就会迷失方向。

现如今，文化日益成为国家间综合国力竞争的重要力量，文化可以带动经济的发展，尤其是在中国特色社会主义市场经济条件下，社会主义先进文化往往可以带动我国经济的发展。社会主义先进文化在本质上是中国特色社会主义现代化建设在观念形态上的反映，是社会主义实践的产物，只有重视社会主义先进文化在中国现代化发展中的积极作用，才会促进新时代发展更上一层楼。

（二）习近平关于新时代坚定文化自信重要论述的重大意义

1.为坚定道路自信、理论自信和制度自信提供精神支撑

文化自信是"四个自信"的重要组成部分，在中国特色社会主义事业建设中，如果说道路是实现途径、理论是行动指南、制度是根本保障的话，那么文化就是力量的根基。文化自信与其他三个自信具有密不可分、相互转化的辩证关系，文化自信是道路自信、理论自信、制度自信的重要基础，而道路自信、理论自信、制度自信又蕴含了文化自信。在理解"四个自信"时，需要整体把握，不能割裂地分析，因为"四个自信"是一个有机的整体，共同促进中国特色社会主义事业和谐发展。

文化自信为其他三个自信注入了强大的精神力量，正是因为有了文化自信的精神引领，中国特色社会主义现代化建设才会更有前进的动力。中国特色社会主义道路、理论和制度中都蕴藏着内涵丰富的中国文化，而中国文化又在中国特色社会主义道路、理论和制度中得以体现，中国文化在其中充分发挥了自身的价值。

文化是一个国家和民族独有的精神符号，文化自信是人们对自身文化的高度肯定，坚定文化自信其实质是增强民族凝聚力和向心力的集中体现。文化自信一旦建立起来，必然要融入中国特色社会主义伟大实践之中，道路自信、理论自信、制度自信需要文化自信提供精神支撑，中国特色社会主义事业才会得到巩固。如果不重视文化自信，其他自信的根基就会不够牢固，这就使得社会潜在风险和不确定因素逐渐增多，不利于中国的发展。因此，要高度重视文化自信对道路自信、理论自信、制度自信的精神引领作用，加强我国的文化建设。

文化自信的精神和价值引领作用主要体现在哪些方面呢？一方面，文化自信是更基础的自信，为道路自信、理论自信和制度自信构建了心理认同。一旦这种心理认同得以形成，中国人的文化认同感就更加强烈，中国的文化和意识形态就变得更加安全。另一方面，文化自信也为道路自信、理论自信和制度自信提供了思想财富。中华传统文化犹如一

座思想宝库，打开这座思想宝库，中国几千年文化思想就随之呈现，这些经过历史积淀的思想财富，特别是治国理政的经验，对于当代中国的发展具有一定的借鉴意义和学习价值。坚定文化自信，从这些思想财富中提炼精华，融入我国社会主义现代化建设中去。

2.为建设社会主义文化强国奠定重要基础

文化为一个国家和民族的发展提供了强大的精神能量，在经济全球化的背景之下，文化逐渐成为衡量一个国家综合实力和国际竞争力的重要方面，文化的地位和作用日益突出。文化发展不仅可以提升国家的影响力，还带动了国家经济的发展，我国越来越重视社会主义文化事业和文化产业的发展，提出了社会主义文化强国建设的发展战略。

社会主义文化强国建设并非一朝一夕，而是一项长期又复杂的系统工程。改革开放40多年来，我国经济发展取得了举世瞩目的成就，经济总量位居世界第二位，但是我国在文化建设上与世界发达国家还存在着一定的差距，存在一些短板和不足，还有许多问题亟须解决，中国要想从文化大国迈向文化强国，还有很长的路要走。一方面，要加强我国公益性文化事业的建设力度，健全现代公共文化服务体系，提升公共文化服务建设水平，满足人民群众对于精神文化需求；另一方面，还需要提升我国文化产业的发展水平，增进文化交流，推动文化创新，文化创新是我国文化建设与发展的力量源泉，要重视文化创意产业的发展，推进文化科技创新。尽管社会主义文化强国建设面临着诸多困难，但是一定要坚定信心，迎难而上，积极进取，为实现社会主义文化强国的目标而努力奋斗。

社会主义文化强国建设符合中国发展的实际需要，也与新时代交相呼应，建设社会主义文化强国离不开文化自信的有力支撑。在增强文化自信的同时，还需要建立价值观自信，树立社会主义核心价值观。此外，传承和弘扬中华优秀传统文化，促进中华优秀传统文化创造性转化和创新性发展，加强社会主义先进文化建设，激发全民族文化创造的活力。文化自信在社会主义文化强国建设中的重要地位不言而喻，文化自信是国人对于自身文化价值的一种心理认同，如果缺少这种心理认同，那么文化强国也就无从谈起，就好比高楼大厦建得再高，根基不牢固，倒塌的风险会时刻存在。

社会主义文化强国建设离不开文化自信这一必要条件，文化自信是社会主义文化强国建设的重要基石，必须摒弃文化自卑心理，充分挖掘我国潜在的文化资源，将文化资源合理利用到我国文化事业和文化产业发展当中去。推动社会主义文化强国建设，仅仅停留在理论宣传层面是远远不够的，还需要理论联系实际，密切联系人民群众。人民群众只有在亲身参与到社会主义文化强国建设当中去，体会到文化带来的乐趣，具有实实在在的获得感之后，文化认同感就变得更为强烈，我国的文化强国建设才会步入正确轨道，我国的文化安全也会稳如泰山。

3.为实现中国梦凝聚强大力量

2012年11月29日，习近平总书记在国家博物馆参观"复兴之路"展览时，首次阐释了"中国梦"的内涵。中国梦一经提出，便在全国上下引发了强烈反响，中国梦寄托了人民群众对于美好生活的向往之情。众所周知，文化在国家综合实力竞争中的地位越发突出，文化兴则国兴，文化强则国强，文化在国家发展中的作用显著增强，文化建设决定着国家发展所达到的高度。习近平总书记曾经指出："没有中华文化繁荣昌盛，就没有中华民族伟大复兴。"实现中华民族伟大复兴，同样需要文化复兴，文化复兴与民族复兴紧密相连。中华民族具有悠久的历史和深厚的文化底蕴，历史和文化的积淀，涵养着民族的文化自信，新时代坚定文化自信为实现中国梦凝聚强大的精神动力。

近代以来，中华民族饱受西方列强的侵略，清朝从原先的夜郎自大，再到后来的虚心学习，这中间态度的转变，是因为人们深知"落后就要挨打"这一深刻道理。自洋务运动以后，近代中国通过学习西方先进的科学技术和思想文化，以此来寻求国家发展的出路，从而改变国家积贫积弱的局面，这种积极向上、奋发进取的精神值得称赞。但是国家在前行和探索的道路上，一些知识分子盲目地推崇西方的科技与文化，一味地排斥甚至是全盘否定中华传统文化，出现了"文化不自信"的心态，很显然，这种心态的产生是错误的。因为只有对自身的文化产生价值认同，国家才能在世界站稳脚跟，在实现中华民族伟大复兴中国梦征程中，更需要文化自信作为价值引领，凝聚人民群众的共识，为我国社会主义现代化建设注入强大的精神力量。

文化自信是对自身文化的自信不疑，价值观自信则蕴藏于文化自信之中，价值观是辨别是非曲直、善恶美丑的重要准绳，倘若缺少价值观自信，我国的文化建设就缺少了灵魂，价值观自信在我国社会主义现代化建设中起着举足轻重的作用，不仅可以推动我国经济社会的发展，还可以营造和谐的社会氛围，价值观自信的重要性毋庸置疑。习近平关于新时代坚定文化自信的重要论述，为全社会树立起高度的文化自信，增强了人民群众的文化认同感和归属感，扫除了人民群众文化自卑心理，对于实现中华民族伟大复兴中国梦凝聚了强大的精神力量。

中国梦的实现离不开文化的欣欣向荣，更离不开文化自信的有力支撑，文化自信必将要融入中华民族伟大复兴的中国梦之中，激发全国各族人民建设伟大祖国的激情与斗志。

第三章　新时代坚定文化自信的内涵及内容

　　在新时代，深度掌握文化自信，就要充分了解文化自信的内涵和本质。文化自信作为一个政党、国家甚至民族的自信心，是对自身文化发展的理论肯定和实际践行，是自身文化发展的内在动力因素，其本质是对自身历史发展的认可以及对自身文化发展的主动自觉。在我国，文化自信的基本特征表现为基础性、广泛性以及深厚性，我们要从三个方面着手深度了解文化自信的内容。首先，我们要关注中华优秀传统文化的"两创"式发展；其次，继续宣扬和巩固新时代红色革命文化；最后，还要持续性拓展社会主义先进文化，清晰把握三种文化在文化自信中的分量，这对我们探究新时代坚定文化自信的路径具有积极作用。

第一节　新时代坚定文化自信的内涵及本质

　　文化自信是进入新时代以来，在我国面临重大战略机遇期所提出的文化发展要求，是进一步总结中国特色社会主义发展规律，将文化发展提升到构建中国特色社会主义理论的更高维度。中国现代化建设需要振奋的精神，需要强大的信仰来支持。新时代，总结和分析文化自信的内涵具有重要意义。"中国特色社会主义文化自信就是要把中国特色社会主义自信精神提升到民族精神、革命精神、道德精神和世界观方法论、人生观价值观层面，使之成为'更基本、更深沉、更持久的力量'"。①党的十八大以来，党中央多次提到"文化自信"，在中国特色社会主义事业发展的时代高度和中华民族伟大复兴的历史高度上，将"文化自信"阐释为继"道路自信、理论自信、制度自信"后的第四个自信，"四个自信"之间相互影响、协同发展，文化自信满足其他三个自信对价值和精神的需要，为三个自信提供智力支持、价值选择和精神依靠。进一步凸显了文化在中国特色社会主义"五位一体"总体布局中的重要地位和作用，强调中国特色社会主义的经济建设、政治建设、文化建设、社会建设和生态文明建设作为一个有机整体，必须相互配合、协调发展，推进中华优秀传统文化"两创"，提出"两个结合"这一根本途径。在习近平文化思想的指导下，党和人民坚定文化自信自强，以崭新的思想内容丰富发展马克思主义，繁荣发展社会主义文化，推动文化建设取得了历史性成就。

一、新时代、文化、自信相关概念

文化"着眼于人类与一般动物、人类社会与自然界的本质区别，着眼于人类卓立于自然的独特生存方式"②，其涵盖的范围非常广泛。人类发展史同样也是文化发展史，在中华优秀传统文化的深厚基础上，在激昂向上的革命文化和社会主义先进文化中，在中国特色社会主义伟大实践中，生成了中国特色社会主义文化，中国特色社会主义文化最有理由和底气充满自信。

（一）文化

《易经》中说"物相杂，故曰文"，"文"最初用来指各色交错的纹

---

① 王雪冉，田云刚. 关于中国特色社会主义文化理论内涵的几点思考[J]. 中共山西省委党校学报，2022（1）：18-22.

② 孙雪霞，陈一平. 中国文化概论新编[M]. 广州：暨南大学出版社，2022.

理，后来，"文"又引申为文物典籍、礼乐制度等含义。《论语》中指出"质胜文则野，文胜质则史"，故"文"又引申为德行、修养之义。"化"原指事物形态或性质的改变，后又引申为教化、使有所转化等。"文"与"化"并联使用，出现在"观乎人文，以化成天下"（《易经》），意指使人遵从文明礼仪、注重伦理道德。文化是一个国家、一个民族的灵魂，人创造了文化，同时文化也改造人。广义上习惯从"人之所以为人"的立场出发，把人有意识地作用于自然界和社会的一切活动及结果都纳入文化的范畴，它分为物态文化层、制度文化层、行为文化层、心态文化层等多个层次。文化是人类社会历史实践的产物，人的主体性通过文化的主体性来体现。因此，文化的实质性含义是"人化"，是人通过社会实践活动实现自身价值观念的活动过程及活动结果的集中体现，它通过向全社会提供一系列重要的价值观来整合社会意识，取得社会认同，使社会建立起基本一致的价值取向和行为规范，并在此基础上形成基本统一的道德、意志、信仰、情感等。

（二）文化自信

经史子集、玉雕铜器、陶瓷丝织、诗词歌赋，文物古迹、非物质文化遗产，数不胜数的文化创造，绵延五千多年的灿烂文明，是中华民族丰富的文化资源。透过文字、文物，惊叹于中华文明的博大精深、源远流长，震撼于革命文化和社会主义先进文化的崇高信念和中国特色社会主义理论的思想伟力，这些是中华民族独有的文化和宝贵精神财富，这些精神财富使文化自信更加坚定。在文化发展和比较中，一个国家和政党如何看待自身文化，是否对这种文化的生命力和发展前途充满信心，是衡量一个国家文化能否兴盛强大的重要因素。推动高质量发展，文化是重要支点。满足人民日益增长的美好生活需要，文化是重要因素。文化自信事关国运兴衰和民族精神独立性，只有对本国文化有坚定的信心，才能有奋发进取的动力和勇气，才能焕发出创新创造的活力。文自信与文化主体性相关联，中华民族的文化在漫长的社会历史中产生，并通过传承和发展实现延续，文化主体性在这一过程中得到充分体现。

所谓"文化自信是指文化主体对身处其中作为客体的文化，通过对象性的文化认知、反思、批判、比较及认同等系列过程，形成对自身文化价值和文化生命力的确信和肯定的稳定性心理特征"①。"文化自信，是一个国家、一个民族、一个政党对自身文化价值的充分肯定，对自身文化生命力的坚定信念"。②学界对于文化自信概念的界定有很多，文化自信的首要因素是有本国特色的文化，并在此基础上产生对自身文化的肯定与认同。概括而言，文化自信是表现在共同文化基础上的共同心理素质，是一个国家、一个民族发展中更基本、更深沉、更持久的力量，它内含着对自身文化价值的充分肯定以及对自身文化生命力的坚定信念。

二、新时代文化自信概念及本质

进入新时代以来，物质生活的极大丰富，也给精神文化生活提出了更高要求，党的二十大报告中更是把"人民精神文化生活更加丰富"作为未来五年发展的主要目标之一。立足新时代伟大实践和"两个结合"这一根本要求，不断总结中国经验，并把中国经验提升为中国理论，充分显示了中华民族伟大复兴进程中的文化自信和文化自觉。

（一）新时代是一个需要文化自信并且能够铸就文化自信的时代

中国特色社会主义文化的内涵。新时代，中国特色社会主义文化的内涵不断丰富和发展。"中国特色社会主义文化，源自中华民族五千多年文明历史所孕育的中华优秀传统文化，熔铸于党领导人民在革命、建设、改革中创造的革命文化和社会主义先进文化，植根于中国特色社会主义伟大实践。发展中国特色社会主义文化，就是以马克思主义为指

---

①刘林涛.文化自信的概念、本质特征及其当代价值[J].思想教育研究，2016（4）：21-24.

②云杉.文化自觉 文化自信 文化自强：对繁荣发展中国特色社会主义文化的思考[J].新华文摘，2010（20）：1-9.

导，坚守中华文化立场，立足当代中国现实，结合当今时代条件，发展面向现代化、面向世界、面向未来的，民族的科学的大众的社会主义文化，推动社会主义精神文明和物质文明协调发展"。①进一步阐述中国特色社会主义文化，包含有中国在不同历史发展阶段，在伟大实践中逐渐形成和发展的三种重要文化。新时代，文化自信提出并且将其加入"三个自信"中，表明新时代中国特色社会主义文化的发展迈向了新的台阶。

自信才能自强，有文化自信的民族，才能推动文化繁荣兴盛，才能立得住、站得稳、行得远，才能形成推动实现中华民族伟大复兴的强大精神力量。对中华优秀传统文化和革命文化、社会主义先进文化的热爱，对国家政党、法律、制度、民俗、科学、伦理等的认同，都能够表现出文化自信。在中国特色社会主义新时代，用中华优秀传统文化、革命文化、社会主义先进文化培根铸魂，进一步坚定文化自信，在正本清源和守正创新中推动文化建设，创造属于我们这个时代的新文化，建设中华民族现代文明，为中华民族的伟大复兴提供思想资源。

实现中华民族伟大复兴，迫切要求中国实现由文化大国到文化强国的转变。理论自觉、文化自信是民族进步的力量源泉，中华文化历史底蕴无比深厚，为社会进步提供了强大精神支撑。进入新时代以来，深化马克思主义理论研究，推动中国特色哲学社会科学体系建设，中华优秀传统文化得到创新性发展，全国各族人民精神面貌更加昂扬，文化自信明显增强。立足新发展阶段，新发展格局加快构建，中国持续增强了生存力、竞争力，坚定对中华文化的自信，基于对深厚文化底蕴所迸发出强大力量的了解而产生文化自觉，这为实现中华民族伟大复兴提供了不可或缺的凝魂聚气的共同思想基础。

（二）新时代坚定文化自信的本质

"我们必须坚定历史自信、文化自信，坚持古为今用、推陈出新"。②

①党的十九大报告辅导读本[M].北京：人民出版社，2018.
②习近平著作选读：第1卷[M].北京：人民出版社，2023.

增强自信从一定意义上来讲首先要升华认同，新时代坚定文化自信就是要坚定历史自信，增强文化自觉，在守正的基础上创新，进而推动文化事业和文化产业繁荣。

首先，自信从历史中来，坚定文化自信就要坚定历史自信。自信从历史中来，自信从奋斗和实践中来，自信从中华文明史、近代中国的苦难辉煌史、中国共产党带领人民进行革命建设与改革的奋斗史中来。中国的历史是由各民族共同创造的，只有全面深入了解中华文明的历史，才能更有效地推动中华优秀传统文化创造性转化、创新性发展，才能更有力地推进文化建设，建设中华民族现代文明。只有增强历史自信，才能更好地赓续中华文脉，在守正创新中发展和传承中华优秀传统文化。

自信从对优秀历史传统的坚持坚守中来。众多历史古迹不仅是一项建筑工程，更承载着历史记忆，是一种精神传承，是中国人民不断创造新的伟大奇迹的动力源泉。中华优秀传统文化中讲仁爱、重民本、守诚信、崇正义、尚和合、求大同的价值观念，在今天仍然具有重大价值，其中最核心的内容已经成为中华民族最独特的精神标识。坚定文化自信，离不开对中华民族历史的认知和运用，中国特色也正是源于五千多年的中华文明，中华优秀传统文化是中华民族奋发向上的精神动力。全面深入了解中华文明的历史，对优秀历史传统坚守的同时，进行与时俱进的创新创造，促进民族性与时代性的融合转换。

其次，坚定文化自信就要不断增强文化自觉。文化自觉是建立在对文化地位、作用、规律等深刻认识和把握基础上的，是在文化领域的自我创建和自我觉醒，是对文化建设的责任担当。文化自觉是文化自信的前提和基础，文化自信建立在文化的主体性基础之上，这一主体性是中国共产党带领中国人民在中国大地上建立起来的。这一主体性是在对中华优秀传统文化的创造性转化、创新性发展中，在继承革命文化和发展社会主义先进文化的基础上建立起来的。这一主体性是在借鉴人类优秀文明成果的基础上，通过把马克思主义同中国具体实际相结合的基础上建立起来的。

　　增强文化自觉，内在呈现出对文化意义、文化地位、文化作用的肯定和认同的稳定性心理特征，外在行动上展现对文化建设、文化传承发展的责任担当，以真正实现精神上的独立自主。自主才能自信，自信才能自强，没有文化自觉，就没有高度的文化自信，也就没有文化的繁荣兴盛和中华民族的伟大复兴。因此，增强文化自觉，就是坚持文化自强，坚持守正创新，坚守好中国共产党的文化领导权和文化主体性。在守正中赓续历史文脉，在创新中推动新时代文化繁荣发展，建设中华民族现代文明。因此，坚定文化自信，需要不断增强文化自觉，以树立起文化主体性和民族精神独立性。

　　将文化建设摆在治国理政的突出位置，是新时代的鲜明特征。面向未来，在深刻认识自身历史传统、着力建设中华民族现代文明的进程中，不断坚定历史自信、文化自信，对文化做好守正创新、传承发展。因此，坚定文化自信实质上就是要立足中华民族伟大历史实践和当代实践，坚定历史自信，增强文化自觉，以强烈的使命感担负起新的文化使命，从中国国情出发，既不盲从各种教条，也不照搬外国经验，巩固文化主体性，真正实现精神上的独立自主。

第二节　新时代坚定文化自信的基本特征

　　进入新时代以来，人民幸福生活的物质条件不断夯实，人民的文化生活更加丰富，社会主义先进文化得到大力发展，中华文明得到传承，文化自信呈现出基础性、广泛性、深厚性等特征。

一、新时代文化自信的基础性

　　历史和现实充分表明，坚定道路自信、理论自信、制度自信，其本质是建立在五千多年文明传承基础上的文化自信。坚定文化自信是全面建设社会主义现代化国家的题中应有之义，是更好担负起新的文化使命的目标所指、路径所依。

第一，中国有坚定的道路自信、理论自信、制度自信，其本质是建立在五千多年中华文明传承基础上的文化自信。对中华文化的自觉和自信，根本上有助于增强对中国道路、理论、制度的自信。一方面，从文化的实质性含义出发，文化实质上是"人化"。它包含物质文化、精神文化、制度文化等多个方面，是人在认识世界和改造世界的过程中，根据实践要求和自身价值观念，逐步形成语言、文字、习俗、制度、思想的过程。在文化的创造与发展中，人是主体，而文化作为一个多维概念是这一过程的成果体现。文化是对人的本质力量的确认，是人这一主体在实践中创造出来的物质和精神财富的总和，它充分体现了人的主体性，制度、理论等也属于文化的一部分。另一方面，从文化的功能来讲，文化具有凝聚人心、引领方向的功能，是人类社会的"灵魂"。文化所蕴含的历史认知、精神追求和价值取向能通过感召力、吸引力、同化力来影响、说服人认同某些行为准则、价值观念，进而维护整个社会有序运转，增强国家凝聚力。此外，马克思主义认为，文化作为人类社会实践发展的产物，它受一定社会经济政治的影响和制约，同时又对经济和政治具有反作用。因此，文化是促进经济和政治发展的重要因素和重要力量源泉。从文化的价值和功能出发，着力对中华优秀传统文化和中国特色文化的自觉传承，巩固中华民族的文化主体性，为中国式现代化奠定坚实的文化基础。

第二，文化自信是担负新的文化使命，创造人类文明新形态的底气所在。一方面，新时代文化自信自强的精神力量充分彰显，为担负新的文化使命提供了坚实根基。文化自信事关国家长治久安，事关民族凝聚力和向心力，14亿中国人民的磅礴伟力的不断汇聚，充分展示了文化主体性。在新的历史起点上更好担负起新的文化使命，要牢牢把握坚定文化自信的首要任务，让中华文化在新时代绽放出新的光彩，全面提升中华文化软实力，坚守中华文化立场，提炼中华文明的精神标识和文化精髓，在新的起点上继续推动文化繁荣，铸就社会主义文化新辉煌。另一方面，坚定文化自信是全面建设社会主义现代化国家的题中应有之义。坚定文化自信，文化自信是对自身文化价值的充分肯定和认同，不断提升中华文化软实力，不断书写社会主义文化强国建设新篇章，铸就中华文化新辉煌。新时代以来，坚持以人民为中心的创作导向，围绕提高人民的审美水平、道德素养和满足人民群众更高层次文化需求，推出了很多能增强人民精神力量的优秀作品。坚定文化自信，激发全民族文化创新创造活力，通过高质量的文化供给满足人民日益增长的精神文化需求，增强人民的文化获得感与幸福感，为全面建设中国式现代化国家奠定扎实文化基础。

第三，坚定文化自信为促进物质文明与精神文明协调提供推动和引领。新时代我国经济社会的全面发展，对社会主义文化建设提出了新的更高的要求，"全面建设社会主义现代化国家、实现中华民族伟大复兴，有赖于文化所提供的价值信仰和精神力量的推动和引领"[①]。一方面，坚定文化自信是推动中国特色社会主义文化建设的必然指向。中国式现代化是物质文明与精神文明相协调的现代化，文化是促进精神文明与物质文明协调发展的重要力量，文化自信具有最基本、最深沉、最持久的力量。新时代以来，中华优秀传统文化的广袤沃土指引着中国人民更加自信自强，大力推动中国特色社会主义文化建设，为建成社会主义文化强国奠定了基础。没有高度的文化自信，就没有文化的繁荣兴盛。坚定文化自信，不断加强文化建设，走中国特色社会主义文化发展道路，将文化资源优势转化为产业发展优势，不断提升国家文化软实力和中华文化影响力，为实现中华民族伟大复兴提供文化支撑和价值引领。另一方面，坚定文化自信，推进文化的繁荣发展，为中国特色社会主义事业的全面发展提供强大的精神动力。"物质富足、精神富有是社会主义现代

---

①孙成武，吴玥. 习近平文化思想对中国社会主义文化建设理论的创新[J]. 北京交通大学学报（社会科学版），2023：1-7

化的根本要求"。①文化作为一个民族的精神基因，凝聚了一个民族的精神标识，被普遍认同和遵循。人在既有的文化中不断生成，又在自为的实践活动中生成文化。没有文化自信和文化自觉，文化就不能得以创造、积淀、传承和发展，就不可能有为中华民族谋复兴的家国情怀和责任担当。文化建设在政治、经济、社会诸领域都有基础作用，坚定文化自信，深化本土文化资源阐释，加强对红色革命文化、本土特色文化等的研究整理，深入挖掘文化底蕴，推进新时代的文化繁荣，为全面建设社会主义现代化国家提供强大精神力量和有利文化条件。

二、新时代文化自信的广泛性

文化自信是民族自信之源，它不仅渗透于道路自信、理论自信、制度自信之中，而且浸润于人的各项活动之中，具有较强的渗透力与持续影响力。中华文明源远流长，主要得益于中华文化开放的姿态、包容的胸怀，因此，文化自信的广泛性特征，主要论及在新时代文化要坚持开放包容。

第一，中华文化因其包容性得以广泛渗透。一方面，中华文化认同超越了地域、民族、宗教等，从而具有极强的包容性。文化是一个民族的历史记忆和精神家园，中华文化自产生之日起，就呈现出多元状态。秦汉以后，中原农耕文化与北方游牧文化、南方山地游耕文化相互交融，在迁徙、战争、贸易中，中华各民族文化以及中外文化相互激荡，正是在这样一个相互冲突又互相融合的过程中，中华文化由多元文化汇聚产生。中国化时代化的马克思主义，在尊重人民主体性的基础上进行文化建设，充分发挥了文化凝聚共识、形成合力的重要作用。作为一个多民族、多语种的国家，56个民族语言、饮食、服饰、民俗不尽相同，但各族人民却共有建设中华民族现代文明的勇气和信心，共同凝聚精神力量，在新的历史起点上继续推动文化繁荣。另一方面，更多文化精品和服务延伸到了人民群众身边，文化和生活巧妙融合。进入新时代，中

①习近平著作选读：第1卷[M].北京：人民出版社，2023.

华文明探源工程取得重要进展，国家文化数字化战略快速推进，国家文化公园加快建设，越来越多的国内外年轻人痴迷古诗、热爱中国文化，通过逛集市、包饺子、看春晚等中国传统节庆方式，感受时代进步、国家强盛带来的幸福感。在生活中，热衷于通过引用古诗、成语、俗语等来凝练自己的表达，注重挖掘身边蕴藏的文化资源，善于运用文化作品表达内心。坚持以人民为中心的创作导向，加大优秀文化产品的供给，促进精神世界的富足，助力中国人民焕发出更为强烈的历史自觉和主动精神。

第二，中华文化因其开放性得以广泛传播。黑格尔曾指出，希腊文明之所以能开创出其独立和繁荣时期，就在于它既有自己原有的文化，又有来自东方世界的外来文化，进行了两重文化的结合。因此，增强中华文明的传播力影响力，离不开融通中外、贯通古今。一方面，同各国人文领域交流日益深化。进入新时代以来，面对文化激荡不断增强的态势，广泛地开展同各国的文化交流，更加积极主动地学习借鉴世界一切优秀文明成果。根据《红楼梦》《西游记》《三国演义》《水浒传》这中国四大名著改编的电视剧在国外广泛传播，中国和多个国家建立全面战略合作伙伴关系，向世界传递了和平、进步、开放、包容的美好追求。在教育、文化、体育等领域搭建了文明对话交流平台，使得同各国人文领域交流日益深化，各国文化在交流、互鉴中消除隔阂和误解，各国友好的民意基础更加坚实，为构建人类命运共同体、共创人类光明未来注入了活力和动能。

另一方面，中国话语和中国叙事体系加快构建。文化的开放与互动、交流与融合，造就了中国文化的蓬勃生机。增强中华文明传播力影响力，是提高国家文化软实力的重要方面。进入新时代以来，就文化自信自强提出了一系列重大原创性观点，以文化为纽带不断推动国际交流合作。中国话语体系加快构建，国际传播能力加强建设，以讲好中国故事、传播好中国声音，展现可信、可爱、可敬的中国形象为目标，全面提升国际传播效能，让中华文化走出去，在不同文明的交流互鉴中让世界了解真实、立体、全面的中国，形成同中国综合国力和国际地位相匹配的国际话语权。

第三，中华文化因其普适性得以广泛应用。一方面，中华文明具有普世价值，文化自信已融入全民族精神气质与文化品格中。文化自信体现了一个民族对其文化的自主立场和传承弘扬，中华文明博大精深，其核心价值体系中所蕴含的博爱、正义、公平等价值观念，集中体现了人类发展进步的共同价值取向，故而能获得广泛共识。尽管两岸的美食文化各具特色，但是海峡两岸餐饮、文创、会展等行业专家、企业经营者代表，仍可以围绕"两岸小吃文化"这一主题，从小吃文化品牌建设、文化创意、两岸文创融合等方面，展开多角度、深层次的交流探讨，使得海峡两岸小吃背后的文化价值观念在社会生活中广泛渗透。尊重人类文明多样性，在交流互鉴中展现了中华文明新形象，在学习借鉴中汲取有益成果，把文化自信深刻融入中华民族的精神气质与文化品格中，这是中华文明所具有的独特魅力，也是文化自信的深刻体现。

另一方面，中华文化具有普适价值，昂扬向上的风貌和实干担当的奋斗姿态日益养成。时代瞬息万变，以科技创新为基础的网络文化建设，提升了中华文化的影响力，如何在发展中抓住发展机遇，占领中国特色文化发展高地，这就涉及文化的普适性问题。文化的普适性实际指向的是文化价值观上的普适性，在中华优秀文化的感召下，使得人民文化修养不断提升，不仅有志气、骨气、底气，更是有向好向上的身心素质和实干担当的奋斗姿态。中华文化源远流长，在数千年的经历积淀中仍长盛不衰，中华优秀传统文化是理论创新的根脉，为新时代中国特色社会主义文化强国建设提供了坚强思想保证和强大精神力量，为高质量发展提供了丰富智力资源。

三、新时代文化自信的深厚性

中华优秀传统文化是中华民族的根和魂，为新时代坚定文化自信提供了丰厚的历史积淀和精神资源。革命文化集中体现了中国共产党人浴血奋战的英雄主义气概，社会主义先进文化与社会主义建设相适应，红色革命文化和社会主义先进文化是新时代坚定文化自信的重要精神支撑，马克思主义和中国特色社会主义理论是新时代坚定文化自信的强大思想力量。因此，文化自信的深厚性特征，主要论及在新时代文化要坚持守正创新。

第一，中华优秀传统文化为坚定文化自信提供了深厚文化积淀。一方面，五千多年文化积淀，使得文化自信拥有无比深厚的历史底蕴。中华优秀传统文化博大精深、源远流长，蕴含着丰富哲学思想、人文精神、价值理念和道德规范，中华民族拥有无比深厚的历史底蕴，是最有理由自信的文化。四大发明曾领先于世界，四大名著被广泛传播，古建筑所蕴含的智慧仍被世人赞叹，数不尽的国学经典历经千年仍能浸润心灵，长城的高大墙体、城垛仍巍然屹立在山巅。五千多年的历史使得文化自信拥有深厚的文化积淀，也拥有无比强大的前进动力。我国向来重视弘扬优秀传统文化，并将其作为理论创新的重要思想资源，在五千多年深厚文明的基础上，把马克思主义同中国具体实际相结合，开辟和发展中国特色社会主义。另一方面，传统与现代"相互赋予"。在五千多年文明发展中孕育的中华优秀传统文化，是中华民族独特的精神标识，积淀着中华民族最深层的精神追求。从"民为贵"的民本精神，到"先天下之忧而忧"的爱国情怀，"君子以自强不息"的进取精神，"不义而富且贵，于我如浮云"的道德情怀，"天下大同"的社会理想，等等，在今天仍被广泛认同和接受。在一定程度上，传统与现代相互兼容、相互作用，现代化的实践赋予中华文明新的形式，中华文明赋予中国式现代化深厚底蕴。马克思主义基本原理只有与本民族历史文化沃土结合，才能更好地中国化时代化，这是人类文明薪火相传的关键所在，也是中华民族文化自信的深厚基础。

第二，革命文化和社会主义先进文化是文化自信的重要精神支撑。一方面，坚定文化自信，高扬革命理想。在党和人民伟大斗争中和长期奋斗历程中孕育的革命文化和社会主义先进文化，形成了以井冈山精神、红船精神、延安精神等为代表的革命精神，以伟大建党精神为源头，用革命精神滋养初心是战略性举措和变革性实践的关键所在，是一系列突破性进展和标志性成果的动力所在。博大精深、源远流长的中华优秀传统文化，不屈不挠、英勇斗争的革命文化和面向大众、服务人民的社会主义先进文化，熔铸于新时代中国特色社会主义建设的伟大实践，铸就了脱贫攻坚精神、伟大抗疫精神等兴国强国过程中产生的凝心聚力的中国精神，引领当代中国发展进步的强大精神力量。坚定文化自信，高扬革命理想，发展先进文化，使中国人民在精神上从被动转为主动，为民族复兴提供文化支撑。另一方面，坚定文化自信，弘扬民族精神。实践证明，并不存在唯一合理的普世价值和最优文化，必须根据国情进行文化建设。党的十八大以来，党坚定中国特色文化自信，牢牢掌握意识形态领域的领导权，弘扬民族精神，最大限度地凝聚了社会思想共识。马克思主义意识形态、社会主义核心价值观、共产主义理想信念等体现了中国特色社会主义文化的核心内容，文化软实力在一定程度上取决于核心价值观的凝聚力和感召力。以爱国主义为核心，弘扬自强不息、不懈奋斗的光荣传统，更体现了近现代以来中国人民深深的民族情结和崇高理想，弘扬在兴国强国过程中产生的凝心聚力的中国精神，对中华优秀革命传统赓续传承，为引领当代中国发展进步提供强大精神力量。

第三，马克思主义和中国特色社会主义理论为文化自信提供了强大思想力量。在迈向现代化的进程中，马克思主义和中国特色社会主义理论为解决实践问题提供了强大思想力量。一方面，坚持"守正"，在实践中牢牢巩固马克思主义和中国特色社会主义理论在意识形态领域的指导地位。守正，守的是马克思主义和中国特色社会主义理论在意识形态领域的指导地位。坚守中华优秀传统文化根脉，坚守马克思主义魂脉，在正本清源中谱写意识形态工作新篇章。坚持以习近平新时代中国特色社会主义思想为指导，深入学习贯彻习近平文化思想，加强对习近平文化思想的学习、研究、阐释，坚持"两个结合"的根本要求，坚持中国共产党的文化领导权和中华民族的文化主体性。以马克思主义的真理力量激活古老的中华文明，深刻把握习近平文化思想的重大意义、丰富内涵和实践要求，用习近平文化思想指导文化建设，培育和创造新时代中国特色社会主义文化。另一方面，坚持创新，敢于在文化建设中提出新思路、表达新话语。以中华优秀传统文化、革命文化和社会主义先进文化以及在此基础上建立的中国特色社会主义文化为基础，立足中国特色社会主义的伟大实践，总结当代文化建设的实践经验，充分运用中华优秀传统文化的宝贵资源，将马克思主义基本原理同中华优秀传统文化相结合，以科学的立场、观点和方法推动中华优秀传统文化创造性转化、创新性发展。现实社会生活是文化产生和不断发展的源泉，文化把文艺创作同生活实际联系起来，推进文化事业和文化产业高质量协调发展，提升全社会文明程度。善于在文化建设中提出新思路、表达新话语、推出新形式、形成新机制，在广阔的文化空间中探索面向未来的理论和制度，创造属于我们这个时代的新文化，努力建设中华民族现代文明，让文化创造的源泉充分涌流。

"文化关乎国本、国运，是一个国家、一个民族的灵魂，是最需要守正创新的领域"。①在文化传承发展座谈会上，对于如何在新的起点上继续推动文化繁荣、建设文化强国、建设中华民族现代文明，习近平总书记着重强调了三个方面，即坚定文化自信、秉持开放包容、坚持守正创新。回望历史，习近平总书记深刻揭示了中华文化和中华文明蕴含的守正创新精神特质，强调守正不守旧、尊古不复古，揭示了中华文化和中华文明生生不息、历久弥新的内在根由。守正才能不迷失自我，创新才能引领时代，在立破并举、激浊扬清的不懈努力中，坚定文化自信，坚定历史自信，形成文化自觉，进行新时代文化建设。

---

①沈壮海，刘水静. 深刻把握习近平文化思想守正创新的精神特质[N]. 光明日报，2023-12-14（006）.

第三节　新时代坚定文化自信的主要内容

新时代坚定文化自信，要明确文化自信的基础即该自信是由哪些内容所组成。当代中国文化自信并非只是对中华优秀传统文化的自信，而是涉及中华优秀传统文化、革命文化和社会主义先进文化，其一并滋润和支撑着新时代文化自信向前发展。因此，新时代坚定文化自信，要坚持对中华优秀传统文化的"两创"性发展、对新时代红色革命文化的宣扬与巩固、对社会主义先进文化的持续性拓展，推动三者共同致力于中国特色社会主义文化建设之中。

一、中华优秀传统文化的"两创"发展

文化兴则国运兴，文化强则民族强。步入新时代，文化自信成为中国特色社会主义的"四个自信"之一，是对中国特色社会主义道路自信、理论自信、制度自信的创造性发展与丰富性完善。文化作为一个国家与民族的血脉与灵魂，既是时代变迁与社会变革过程中的先导力量，又是人民内心深处的精神家园。其中，中华优秀传统文化是中华民族发展史上各种思想文化、精神理念的历史积淀与价值宝藏，是我国各族人民共同创造凝聚的精神瑰宝，已经深层且广泛地融入各族人民的思想灵魂之中，是中华文明的智慧结晶和精华所在，是中华民族的根和魂，是我们在世界文化激荡中站稳脚跟的根基。新时代坚定文化自信必须牢牢把握和深入挖掘中华优秀传统文化所蕴含的精髓内容，合理鉴别和对待中华优秀传统文化，要结合时代发展需求大力弘扬和运用好中华优秀传统文化，尤其是要持续强化和不断巩固具有时代价值和世界意义的中华优秀传统文化部分，凝练与打造属于中国特色社会主义的精神文化标识，建构独特文化话语结构与方式，"着力赓续中华文脉、推动中华优

秀传统文化创造性转化和创新性发展"①。具体而言：

一要推动中华优秀传统文化的创造性转化和创新性发展，其首要原则就是要坚持马克思主义的指导地位，要将中华优秀传统文化与马克思主义基本原理相结合。总起来说，马克思主义基本原理与中华优秀传统文化之间内在契合、相互作用。马克思主义为中华优秀传统文化的"两创"性发展提供了理论基础与历史遵循，中华优秀传统文化与马克思主义基本原理相结合对于实现中华文明的延续传承与现代转型，巩固文化主体性等都发挥着重要作用。要用辩证的思维与观点看待传统文化中精华与糟粕，真正让中华优秀传统文化结合现实需求得以大力弘扬与运用，要结合现代发展全方位、多角度地诠释中华优秀传统文化，铸就符合中国式现代化发展的文化形态，尤其是中华优秀传统文化中所蕴含的价值观是实现两者结合的重要途径，要"深入挖掘和阐发中华优秀传统文化讲仁爱、重民本、守诚信、崇正义、尚和合、求大同的时代价值，使中华优秀传统文化成为涵养社会主义核心价值观的重要源泉"②。进一步推动马克思主义在新时代得以丰富与发展，造就具有中国特色与风格的马克思主义，实现马克思主义基本原理与中华优秀传统文化的融会贯通，两者的充分融合一并为扎实推进中国特色社会主义理论与实践奠定根基。

二要推动中华优秀传统文化的创造性转化和创新性发展，其基本前提就是要顺应时代特点与发展需求。百年未有之大变局下，中华优秀传统文化的"两创"性发展成为值得深刻思考的重要理论命题。"中华优秀传统文化是中华民族的突出优势，是我们在世界文化激荡中站稳脚跟的根基，必须结合新的时代条件传承和弘扬好"。③要让中华优秀传统文化的"两创"性发展切实符合时代特点与顺应时代发展要求，与当代中

①人民日报评论员.切实增强做好新时代新征程宣传思想文化工作的责任感使命感[N].人民日报，2023-10-12（001）.

②习近平.习近平谈治国理政[M].北京：线装书局，2022.

③中共中央关于党的百年奋斗重大成就和历史经验的决议[N].人民日报，2021-11-17（001）.

国实际发展需求和中华民族伟大复兴的时代主题相契合，要坚持守正与创新两者并举，充分激活中华优秀传统文化的生命力。要立足于中华民族五千多年的文明史之上，深入了解中华文明五千多年发展史，把中国文明历史研究引向深入，推动全党全社会增强历史自觉、坚定文化自信，在坚守中华文化立场的基础上，充分认识与了解中华优秀传统文化所蕴含的深厚底蕴，充分运用好、挖掘好、诠释好中华优秀传统文化中所显现的人文精神、价值指南、道德观念、行为规范等，正确把握时代发展的脉搏与方向，结合中国国情与社会发展所面临的现实问题，破解中国社会发展的相关难题，赋予其新的时代内涵，大力弘扬适合时代和社会发展的中华优秀传统文化，正确回答时代之问、人民之问，真正推进中华优秀传统文化创造性转化和创新性发展。此外，中华优秀传统文化的"两创"性发展，必须把握好推进中国式现代化进程向前发展的这一历史使命。中国式现代化是在中国共产党团结带领广大人民群众不懈奋斗的基础上所探索形成的，是符合中国特色社会主义发展的现代化。中国式现代化深深根植于中华优秀传统文化之中，从中华优秀传统文化中汲取营养，吸收借鉴人类文明的一切优秀成果，与其他各国文化交流互鉴、相互学习、彼此合作，促进不同文明之间的相互理解、相互欣赏，在造福自身发展的同时，带动世界共同发展进步，讲好中国故事、传播中国声音，塑造成为一种全新的人类文明新形态，使中国式现代化拥有更为独特鲜明的中国特色，在新时代、新征程上将中华优秀传统文化进一步弘扬与发展，提升中华优秀传统文化"两创"性发展的生命力和影响力。

三要推动中华优秀传统文化的创造性转化和创新性发展，其重要手段就是要充分运用现代科技赋能"两创"性发展。对于中华优秀传统文化"两创"性发展而言，现代科技尤其是以互联网、大数据、人工智能等为代表的信息网络技术，为弘扬与传承中华优秀传统文化提供了强有力的手段支撑，极大拓展与创新了中华优秀传统文化传播的渠道与媒介，让中华优秀传统文化通过信息网络技术等相关媒介融入人们的日常生活之中，将中华优秀传统文化价值观以喜闻乐见的形式呈现出来，潜移默化、润物无声，充分激发广大人民群众学习中华优秀传统文化的积极性、主动性，让中华优秀传统文化传播得更广、讲得明白。与此同时，前沿科技手段赋能中华优秀传统文化的"两创"性发展，能够进一步把握与调动起年轻群体的学习热情，将中华优秀传统文化与现代文化元素相结合，构建起年轻群体接受喜爱的中华优秀传统文化话语体系和表达方式，打造出紧跟时代潮流发展的文化产品，拉近中华优秀传统文化与年轻人之间的距离。此外，现代科技手段推动中华优秀传统文化与其他领域的融合，增强了文化产业的创新，延伸出越来越多的相关文化产业链，实现中华优秀传统文化的跨界融合，推动各个产业之间的协同合作发展，推动全产业链的文化创新，充分彰显中华优秀传统文化的魅力与影响力。

四要推动中华优秀传统文化的创造性转化和创新性发展，其根本支撑就是要培养相关领域和层次的复合型人才。人才在整个社会发展过程中发挥着至关重要的作用，社会发展各个领域建设和拥有与之相匹配的专业人才队伍都是其必不可少的条件之一。究其本质，中华优秀传统文化"两创"性发展离不开专业复合型人才的引领驱动，需要依靠诸多热爱文化领域相关工作的高质量、创新型的专业化人才，更需要构建起能够为中华优秀传统文化传承与弘扬作出实际贡献与创造价值的人才队伍，他们是中华优秀传统文化"两创"性发展的基础性、战略性支撑。为此，要加大对相关专业复合型人才的培养力度，聚焦于中华优秀传统文化"两创"性发展的实际需求，建立起全方位培养、引进和使用人才的综合体系，进一步加大建设汇聚"两创"性发展一流创新人才的载体与平台，营造积极良好的人才培养环境，积极引导社会形成尊重人才、爱护人才的良好风气，努力培养出一批致力于推动中华优秀传统文化"两创"性发展的高水平人才。要不断深化人才发展、评价与激励体制机制，激发人才创新的动力与活力。人才发展体制机制的构建要始终坚持"人才本位"，把人才自身需求与发展放在突出的位置上，破除"官僚化""官本位"的痼疾，"加快建立以创新价值、能力、贡献为导向的人才评价体系，形成并实施有利于科技人才潜心研究和创新的评价体系"①。与此同时，要做好人才激励保障工作，没有稳定持续的激励保障，人才队伍的建立将会举步维艰，更不能为中华优秀传统文化"两创"性发展带来高质高量的贡献，在加大科研投入、政策供给投入的同时，要注重对人才自身的生活支持、创新激励、精神关怀等，确保各项人才激励保障政策落实到位，实实在在地为各类人才着想，为其全身心投入到工作中奠定坚实基础。

五要推动中华优秀传统文化的创造性转化和创新性发展，其关键之处就是要增进与世界文化的交流互鉴。中华优秀传统文化的"两创"性发展不能仅仅囿于本民族之中，闭门造车、故步自封，而要秉承开放包容的态度，树立兼纳百川的广阔胸襟与远见卓识，辩证性地审视与看待世界各国文化，将中华优秀传统文化与世界文化相连接，积极开展彼此之间的对话与沟通，实现民族文化与世界文化交流交往交融。如此一来，既能够实现中华优秀传统文化的自身性弘扬与传承，将世界文化中的优秀元素吸收借鉴，把中华优秀传统文化守正创新与世界文化交流吸收有机结合起来，在尊重多样性世界文化的基础上，寻求中外文化间的共通共融之处，促使世界文化的优秀元素融入中华优秀传统文化中，在进一步夯实中华优秀传统文化厚重文化底蕴的基础上，极大地开拓了中华优秀传统文化的国际影响力和传播力，打造出具有中国特色与世界影响力的中华优秀传统文化，推进中华优秀传统文化与世界文化的融合式发展，提升我国文化软实力，加快推动中华文化更好地走向世界，为人类文明发展与进步增光添彩。

二、新时代红色革命文化的宣扬与巩固

红色革命文化，是中国先进文化的重要组成部分，具有鲜明的中国特色。在红色革命文化中，马克思主义是灵魂，中国特色社会主义共同

①习近平.深入实施新时代人才强国战略加快建设世界重要人才中心和创新高地[J].当代党员，2022（1）：3-7.

理想是主题，以爱国主义为核心的民族精神和以改革创新为核心的时代精神是精髓，社会主义荣辱观是基础。这四部分相互影响、相互渗透、相互作用，形成一个统一的整体，从而科学、完整地揭示了红色革命文化的本质特征。红色革命文化逐渐内化为共产党人代代相传的意识理念和行动方式，是构造新时代社会共识的重要文化基础。

弘扬和传承红色革命文化具有重要意义。中国共产党之所以能够不断发展壮大，是因为其深受红色革命文化的激励。红色革命文化是中国共产党在长期奋斗中淬炼的革命精神所凝聚而成的文化。对于红色革命文化资源，我们既要注重有形遗产的保护，又要注重无形遗产的传承，大力弘扬红色传统。一是红色文化是实现中华民族伟大复兴的精神所在。毛泽东同志曾将红色革命文化称为"中国人民学会了的马克思列宁主义的新文化"。他指出："自从中国人学会了马克思列宁主义以后，中国人在精神上就由被动转入主动。"①马克思主义传入中国后，中国共产党人将其与中国独特国情相结合，在带领人民群众的革命实践中创造出先进的红色革命文化，鼓舞人心，推翻三座大山，建立新中国。先进的红色革命文化推动先进理论的生成。在马克思主义中国化的进程中有两次历史性飞跃，第一次飞跃的理论成果是毛泽东思想，第二次飞跃的理论成果是中国特色社会主义理论体系。这两大理论成果的创立和发展表明：在推进中华民族伟大复兴的历史进程中，不论风云如何变幻，我们始终坚持马克思主义基本原理与中国实际和时代特征相结合，不断实现指导思想的与时俱进。先进的红色革命文化促进国人精神状态的改变。"五四运动"以前中国被称为"睡狮"，这是当时国人精神被动状态的描述。但中国自从有了共产党以及创建红色革命文化以后，这头"睡狮"便一跃而起，摆脱了一蹶不振的精神状态。无论是从红船精神、井冈山精神、延安精神、西柏坡精神到抗美援朝精神、大庆精神、"两弹一星"精神，再到抗洪精神、抗震救灾精神等等，中国共产党人带领中国人民将英勇不屈、奉献牺牲、团结协作的精神诠释得淋漓尽致。近百年来中

---

①毛泽东. 毛泽东选集1-4共4册[M]. 北京：人民出版社，2014.

华民族赢得的光荣和骄傲证明，红色革命文化是推进中华民族伟大复兴的强大精神动力。现如今，处于"两个一百年"奋斗目标的历史交汇期，红色革命文化的活力一定程度上能够激励中国共产党团结带领人民实现新时代下新目标的跨越式发展，能够起到创新理论发展以及鼓舞士气的积极作用，进一步推动中华民族伟大复兴中国梦早日实现。

二是培育和践行社会主义核心价值观的客观要求。"人类社会发展的历史表明，对一个民族、一个国家来说，最持久、最深层的力量是全社会共同认可的核心价值观"。①党的十九大报告继续提出要培育和践行社会主义核心价值观，并将社会主义核心价值观教育活动引向深入，而红色革命文化为社会主义核心价值观的培育与践行提供了文化基础、资源和素材，红色革命文化及其所包含的爱国主义、艰苦奋斗、无私奉献等精神本身就是社会主义核心价值观培育的重要内容和载体，其核心要素与社会主义核心价值观相契合。红色革命文化为社会主义核心价值观的培育奠定了基础。红色革命文化作为一种社会意识，是马克思主义中国化进程中的伟大创举，见证了在中国共产党的领导下，中国由黑暗走向光明的伟大征程，蕴含了丰富的革命精神和厚重的历史内涵，承载着中华民族的拼搏精神和勇往直前的智慧力量，已成为每一个中国人最深刻的记忆，理应成为新时代人民践行社会主义核心价值观的重要内容。红色革命文化为社会主义核心价值观的培育提供了思想资源。红色革命文化的产生、创新及发展，凝聚着中国共产党人的革命精神与奋斗精神，这些精神构成了红色革命文化的精髓，蕴含着中华民族开天辟地、敢为人先、勤劳勇敢、艰苦奋斗等优秀品质，这些都是新时代中国特色社会主义核心价值观培育的重要资源和素材，同时也是激励各族人民在新时代投身中国特色社会主义伟大实践的重要精神动力。

三是抵制西方意识形态侵入的必然选择。"现在，我们比历史上任何时期都更接近中华民族伟大复兴的目标，比历史上任何时期都更有信

---

① 习近平. 论党的青年工作[M]. 北京：中央文献出版社，2022.

心、有能力实现这个目标"。①然而，越是接近中国人民奋斗的共同理想，国际敌对势力越是想要诋毁我们的红色革命文化，处心积虑地瓦解我们的文化自信。在这不见硝烟的较量中，他们不断输出西方意识形态，将帝国主义文化和封建主义文化相结合。他们鼓吹"以儒代马""全盘西化"，企图用西方的"宪政民主"颠覆我们的人民民主，用"新自由主义"改造我们的生产关系，用"普世价值"取代我们的社会主义核心价值观。现如今，着眼实现民族复兴的远大目标，出于对当前文化态势的深刻洞察，党中央强调坚持马克思主义的指导地位，积极弘扬中华优秀传统文化，宣扬传承红色基因，倡议全党全国人民坚定文化自信心，这些都充分体现了在中国弘扬红色革命文化的重要性以及抵制西方意识形态影响的紧迫性。

四是促进社会主义市场经济健康发展的重要条件。红色革命文化是具有鲜明传播社会主义意识形态功能的先进文化。这一文化是用马克思主义科学的世界观和方法论指导人的实践活动，增强人们认识和改造世界的能力，从而一定程度上为经济的发展提供精神动力和智力支持。社会主义市场经济的基本特征是以公有制为主体，多种经济所有制协调发展，最终促进全体人民共同富裕，这就要求与之相符合的政治上层建筑（包括社会意识形态）为经济发展服务，并影响整个社会绝大多数人民的价值取向和经济行为。红色革命文化所包含的集体主义精神、无私奉献的精神等为社会主义意识形态的发展提供了重要精神内容，在这种社会意识形态影响下，可以促进社会主义市场经济更好地与社会主义基本制度相结合，使经济发展沿着正确的轨道有序运行。红色革命文化的发展可以带来一定经济价值。红色革命文化资源的利用与开发已经越来越受到关注，红色旅游逐渐兴盛，广大人民群众在游览红色景区的过程当中既有利于深入了解红色革命文化，又可以通过红色旅游消费的方式推动革命老区的发展，为当地经济发展贡献部分力量甚至带动当地红色产业发展，造福于当地人民。

①习近平. 在知识分子、劳动模范、青年代表座谈会上的讲话[J]. 中国教工，2016（5）：6-8.

当前国内外形势正在发生深刻复杂的变化，我国发展仍处于重要战略机遇期，前景十分光明，挑战也十分严峻，红色革命文化的传承也面临一定问题和挑战。首先，中国红色革命文化发展中依然面临外来文化以及国内大众文化的挑战。现如今，多元文化以及多种社会思潮不断涌现，趋于市场化、娱乐化的文化发展不断冲击着红色革命文化的传承和发展。其次，文化发展的逐利化倾向影响红色革命文化。依靠红色革命文化进行旅游开发的部分地区没有充分发挥红色文化的教育和宣传功能，相反，出现了逐渐趋利化的现象，部分地区高举红色革命文化旅游的口号，谋取更多经济利益。与此同时，部分地区为提高本地区的相关政绩，从而使红色革命文化的宣传失去了原有目的，违反了红色革命文化传播的社会价值本意。最后，红色革命文化学习及宣传力度不够，存在部分干部不作为现象以及部分地区不重视红色革命文化的学习与发展。在倡导红色文化的学习和宣传形式上比较单一、力度不够，不能够让人民群众广泛接受红色革命文化的熏陶，不能够利用相应的新兴媒体广泛传播红色革命文化。因此，今后要持续性传承和巩固红色革命文化，以红色革命文化促进中国特色社会主义文化体系的不断发展。

　　一要坚定红色革命文化主阵地，提高文化自信。红色革命文化作为一种文化，是一种社会意识，具有传播社会主义意识形态功能。党掌握意识形态工作领导权，就要推进马克思主义中国化时代化大众化，建设具有强大凝聚力和引领力的社会主义意识形态。同样，红色革命文化的传承与发展带有无产阶级意识。因此，在国内外各种文化冲击中，要牢牢把握住红色主阵地，发挥红色革命文化在中国文化中的重要地位。一方面，党和人民要始终坚持马克思主义理论的武装以及新时代中国特色社会主义思想的学习；在红色革命文化的学习和传承中，要牢记和重温红色历史；守护好、建设好中国共产党人的精神家园，宣传好、弘扬好中国共产党人的奋斗精神，传承好、发扬好中国共产党的红色基因，不断与时俱进，坚守红色革命文化主阵地促进红色革命文化不断向前发展。另一方面，党和人民要增强对红色革命文化的自觉自信，红色革命文化是为实现最广大人民根本利益服务的文化，它与封建主义文化和资本主义文化有着本质区别，对于红色革命文化，无论是精神、制度还是行为文化，其核心价值观不可丢，切勿走向历史虚无主义。此外，党和人民要自觉树立文化自信，毫不动摇地坚持红色革命文化，从容不迫地应对各种挑战，有所选择地吸收优秀文化成果，自强不息地发展红色革命文化，不断推动伟大的民族复兴之舟胜利到达辉煌的彼岸。

二要加强青年一代的红色革命文化教育。青年兴则国兴，青年强则国强。中华民族伟大复兴中国梦终将在一代代青年的接力奋斗中变为现实。我们要充分发挥红色革命文化对他们的教育功能。随着全球化进程加快，社会上的一些不良思潮如拜金主义、个人主义、享乐主义等等影响着青年一代的价值追求。中国革命历史是最好的营养剂。多重温我们党领导人民进行革命的伟大历史，心中就会增添很多正能量。利用红色革命文化资源对青年进行革命传统教育，能够让广大青年在红色文化熏陶下，体会革命先烈为祖国和民族英勇奋战的伟大情怀，促使青年牢记历史，不忘革命先烈的丰功伟绩，进而培养自身的爱国情怀和民族精神。在红色文化学习中，让这些青年深刻体会幸福生活来之不易，帮助他们坚定理想信念、端正价值取向、找准人生坐标、明确人生追求，进而起到正本清源的作用。青年人所在比较集中的地方是学校，因此，党要努力让红色革命文化入校园，融入学生校园文化当中，要通过开展形式多样的红色革命文化教育活动，掀起红色革命文化热；在各种红色历史纪念日开展红色纪念活动，使学生能够感受革命先烈的高尚情操，缅怀先烈的感人事迹；充分利用校园媒体、校园网络及以微信、微博为代表的新媒体等传播媒介，加大宣传力度，不断增强红色革命文化的吸引力和影响力，提高学生对红色革命文化的知晓度和认同感。

三要在文化统一战线中传承红色革命文化。在红色革命文化的发展过程中，可以将统一战线工作和红色革命文化的宣传相结合，通过对人民进行文化统一战线进而达成对红色革命文化的认同和共识。文化即战线，一定程度上能够发挥超乎想象的激励人民、打击敌人的精神作用。

一方面，党和国家可以在红色革命文化的传承中明确文化的立场和服务方针，建立同全国人民利益和目标一致的共同文化认同基础，进而不断获得人民群众的认同和支持，加快文化事业发展。另一方面，在红色革命文化统战过程中坚定马克思主义文化观，与各种分裂文化、反动文化作坚决的斗争，同时以开放包容的态度联合以及团结一切可以团结的力量，最大限度地抵制反动文化的影响。此外，在红色革命文化统战中加强党的核心领导。红色革命文化带有明确的阶级性，在文化发展中要始终坚持中国共产党的领导，坚持党对红色革命文化的核心引领和主体宣传的作用。红色革命文化统战工作中还要坚持以人民为中心。党要广泛地向人民群众宣传红色文化，文化的宣传形式要不断融入人民群众生活中，根据人民群众的实际情况有针对性地进行传递和教育，促进人民群众由自发向自觉转变，主动学习和认同红色革命文化，领会红色精神。在红色革命文化统战工作中，党要切实处理好同各民主党派间的关系，不断争取各民主党派对红色革命文化认识的提升，在各个阶层进行有针对性的红色革命文化宣传和教育，在不同民族文化中寻找红色革命文化与其相通之处，利用红色革命文化不断拉近各民族间距离，进一步形成对红色革命文化的认同。在同港澳台同胞的文化交流中，注入红色革命文化的知识教育和宣传。通过红色革命文化，港澳台同胞能够进一步了解中国共产党光辉历史，深化对共产党带领人民建立新中国、发展新中国的认知，增强对红色革命文化的认可以及对中华文化的认同。在红色革命文化的统战工作中，我党要高举中国特色社会主义文化大旗，联合广大人民加强对红色革命文化的传承，进而明确前进方向，获得广大人民群众的文化认同，从而为国家提供坚实的红色革命文化基础。

四要传承红色基因，提升红色革命文化品牌价值。红色革命文化蕴含着我们党在100多年来的奋斗历程中所创造的巨大精神财富，在革命、建设、改革等时期彰显中华文化的革命性、先进性基因。红色基因是中国共产党人的精神内核，发掘红色革命文化既要注重有形遗产的保护利用，更要注重红色精神内涵的提炼升华。一是要挖掘文化内涵来提升品牌价值。红色革命文化不只是被动地承载传统、反映历史，更要成为培育先进文化的源头活水，直接为社会实践活动提供思想源泉、精神养分和创新动力。红色革命文化资源的价值，最重要的表现为发挥资政育人的功能，这个功能有别于文化所带来的经济价值。现如今，我们要以不忘初心的明镜，映照继续前进的道路，坚持运用红色革命文化这一天然的育人资源，发挥其在强化理想信念、传承革命精神、保持优良作风等方面的作用，并通过整合红色资源、传播红色革命文化、强化红色旅游，使文化的育人功能得到有效实现。在新时代，我们应当继续传承红色革命文化，拓展红色文化的经济价值，将红色基因世世代代传递下去，实现革命事业的薪火相传。

红色革命文化是我们宝贵的精神财富，是中国共产党一代代传承下来的优秀文化、科学文化以及先进文化。在新时代，红色革命文化的传承与发展不仅能够推动实现中华民族伟大复兴中国梦，更是培育社会主义核心价值观、抵制西方意识形态侵入的客观选择。我们必须在尊重和发展红色革命文化基础之上，站稳红色革命文化发展的主阵地，在青年一代中继续加强红色革命文化的宣传教育，联合广大人民建立红色革命文化的统一战线，不断提高红色革命文化的品牌价值，更好地传承和发展红色革命文化。

三、社会主义先进文化的持续性拓展

社会主义先进文化是中国共产党团结带领广大人民群众在社会主义革命、建设和改革时期进行独立探索实践过程中所形成的文化产物，是在历史发展长河中不断创新、不断升华的时代表征，其充分彰显社会主义强大生命力与独特优越性，展现出社会主义文化的精神标识和文化精髓，是在包容借鉴以往多样性文明成果基础上的超越与发展。在马克思看来，"先进的思想文化一旦被群众掌握，就会转化为强大的物质力量；反之，落后的、错误的观念如果不破除，就会成为社会发展进步的桎梏"①。社会主义先进文化是不同于西方资本主义社会所创造的文化形态，两者相比较而言，社会主义先进文化是处于更高形态的文化，与社会主义的经济基础和上层建筑相匹配、相契合的文化形态，根植于中国特色社会主义的具体实践之中。与此同时，社会主义先进文化是中国特色社会主义文化的精华所在，是中国在全球国际激烈竞争下保持自我强大的有力支撑，是新时代坚定文化自信的最大底气，是社会主义的显著优势所在，是中国特色社会主义实践中的厚重文化底蕴，在当代中国文化软实力中占据着核心位置。可以说，"没有先进文化的积极引领，没有人民精神世界的极大丰富，没有民族精神力量的不断增强，一个国家、一个民族不可能屹立于世界民族之林"②。社会主义先进文化为新时代坚定文化自信指明了方向，必须始终坚持对社会主义先进文化的持续性拓展，进一步发展好面向现代化、面向世界、面向未来的社会主义先进文化。

一要牢牢把握社会主义先进文化的精髓即社会主义核心价值观。当今世界各种价值观相互激荡碰撞，冲击着社会稳定发展和人们的精神世界。"任何一个社会都存在多种多样的价值观念和价值取向，要把全社会意志和力量凝聚起来，必须有一套与经济基础和政治制度相适应、并能形成广泛社会共识的核心价值观"。③能否构建形成核心价值观，关乎一个民族和国家的精神追求，关乎国家长治久安和社会和谐稳定。核心价值观为社会发展过程中评判是非曲直提供了统一价值标准，是推动文明发展进步的最深层次和持久性的强大力量。社会主义核心价值观的确立，是中国共产党领导广大人民群众在中国特色社会主义道路实践中、在创造人民美好生活的过程中所确立形成的，明确了国家发展层面的价值目标、社会进步层面的价值取向以及个人发展层面所应追求的价值准

---

①习近平.论中国共产党历史[M].北京：中央文献出版社，2023.

②中共中央党史和文献研究院.习近平关于社会主义精神文明建设论述摘编[M].北京：中央文献出版社，2022.

③中共中央党史和文献研究院.习近平关于社会主义精神文明建设论述摘编[M].北京：中央文献出版社，2022.

则。新时代坚定文化自信，必须始终发挥好社会主义核心价值观的旗帜引领作用，以社会主义核心价值观凝聚人心、汇聚人民群众的强大力量，将社会主义核心价值观融入文化建设中去，坚持为人民服务、为社会主义服务的原则和导向，确保文化建设实践符合时代发展需求、契合人民精神生活追求，让广大人民群众在日常生活中践行社会主义核心价值观，让广大人民群众内心真正认同中国特色社会主义文化发展实践，广泛凝聚人民群众的精神力量，能够身体力行地投入到文化建设中去，激发全民族的文化创造活力，为建设社会主义文化强国、夯实中华民族现代文明贡献自己的力量。

二要大力弘扬社会主义先进文化的重要组成部分即中华民族精神。以爱国主义为核心的中华民族精神是中华民族生生不息、薪火相传的重要支撑，无论历史如何发展、时代如何变迁，以爱国主义为核心的民族精神始终是中华民族必须传承与发展的，这是伴随着中华民族历史绵延发展且融入中华民族血脉之中的强大价值理念。新时代坚定文化自信，要始终大力弘扬以爱国主义为核心的民族精神，将坚持爱国主义与坚持党的集中统一领导有机结合起来。坚持中国共产党的集中统一领导是中国社会历史发展和中国人民自身的经验选择，从鸦片战争到新中国成立的百年动荡期间，最突出的标志是中国共产党带领中国人民经过艰苦卓绝的斗争，实现民族独立与人民当家作主。社会主义建设时期，中国共产党带领人民走上了富强民主的道路。到了改革开放时期，40多年来在中国共产党领导下社会发展取得了举世瞩目的成就。步入新时代，中国共产党牢记为人民谋幸福和为中华民族谋复兴的初心与使命，坚定不移地肩负起实现文化自信的使命，为全面建成社会主义现代化强国奠定根基。由此可见，正是在中国共产党的集中统一领导下，中华民族才实现了从站起来到富起来再到强起来的巨大飞跃。我们必须在中国共产党集中统一领导下大力弘扬以爱国主义为核心的民族精神，推进社会主义先进文化的持续性拓展，奋力向前推进中国式现代化的历史进程。

三是大力弘扬社会主义先进文化的重要组成部分即以改革创新为核心的时代精神。人无精神则不立，国无精神则不强。精神是一个民族赖以长久生存的灵魂，唯有精神上达到一定的高度，这个民族才能在历史的洪流中屹立不倒、奋勇向前。时代精神是中华民族精神的时代化体现，反映在经济、政治、文化、生态等诸多层面的实践之中，展现了时代更迭变迁的趋势，是能够引领时代向前发展最为关键的价值理念，是推动国家发展和社会进步的显著精神标识和强大精神力量。以改革创新为核心的时代精神，与历史发展规律与现实社会发展方向相契合，是面向现代化、面向世界、面向未来的精神，彰显着当代社会的精神风貌，引领时代进步的潮流。依靠以改革创新为核心的时代精神，中国正走在建设社会主义现代化国家和推进中华民族伟大复兴的崭新征程上，开辟了中国式现代化道路，丰富了人民的精神生活，创造了人类文明新形态。新时代坚定文化自信，需要以改革创新为核心的时代精神推进我国文化建设，紧跟时代发展趋势，更加注重我国文化事业和文化产业领域的创新性发展，坚持人民的文化主体地位，将"以人为本"的理念贯穿中国特色社会主义文化建设始终，大力培养与时俱进的时代新人，推动社会主义先进文化的持续性拓展，坚定文化自信，担当使命、奋发有为，共同努力创造属于我们这个时代的新文化，建设中华民族现代文明，最终从文化大国走向文化强国，不断提升国家文化软实力，扩大中国文化的世界影响力和感召力，培育和创造新时代中国特色社会主义文化。

第四章　新时代坚定文化自信的正当性

不同的历史时期，文化自信有着不同的含义。传统社会在等级观念支配下，文化自信是文化高人一等的自信。而在文化多元的时代，文化自信尽管也不得不面对文化比较，但文化自信更偏向于对自身文化的认可，即对所生活于其中的文化的正当性的确认。

第一节　新时代坚定文化自信的必要性

任何处于现代化进程中的国家，都需要国民的基于凝聚力向心力的团结和奉献，民族文化及其自信无疑是构造这种团结的最有效的方式之一。文化自信不是一个纯学理问题，而是一个事关中国革命、社会主义前途和实现中华民族伟大复兴的大问题，也是一个事关党的思想理论建设的大问题。文化自信可谓一个民族的精神血脉，也是中华民族实现伟大复兴的重要方面。

一、丰富了马克思主义文化理论的内涵

文化自信深厚的理论基础来源于马克思主义文化理论，是马克思主

义中国化的理论成果，推进了马克思主义中国化的进程。文化自信的发展丰富了马克思主义文化理论的内涵，也推动了中国特色社会主义文化的建设和创新。文化自信是汲取了马克思主义文化理论的精髓，并且始终与中国的具体实践相结合，从而更加贴近中国的实际。习近平总书记将文化建设纳入中国"五位一体"社会主义现代化建设的总体战略布局之中，这是我国根据自身的具体国情，运用科学分析的方法将马克思主义文化理论与中国的文化建设相结合的产物。在新时代的背景下，我国的文化理论也会根据新的国情而持续创新发展，适应新时代社会发展的需要，不断发展形成了新时代中国特色社会主义文化思想，持续推进马克思主义中国化的历史进程。

新时代文化自信的提出为中国特色社会主义事业提供强有力的文化支撑，是中国人民的精神财富。它使马克思主义文化理论的发展更加贴近时代，更具有生命力，为马克思主义理论增添了新的内容，为社会主义文化的发展建设提供了精神支撑。在新时代，中国特色社会主义事业迈上新征程，中华民族实现了从站起来到富起来再到强起来的伟大转折。中华民族的伟大复兴需要强大的精神力量，文化自信是逐渐在我国的文化建设实践中形成发展的，是中国共产党在新的背景下对社会主义先进文化建设和社会意识形态问题的探索，其内涵非常丰富，体系逐步完备。新时代文化自信在继承马克思主义文化理论的基础上，融入新的文化理念，推进理论创新发展，在很大程度上丰富了马克思主义文化理论的内涵，同时也为中国的文化建设创造了更广阔的发展空间和坚实的理论基础。

二、深化了人的自由而全面发展的理论

使每个人自由而全面发展是马克思主义崇高社会理想的题中应有之义。如何实现人的自由而全面发展，马克思恩格斯在《共产党宣言》里作了详细的论述，指出："代替那存在着阶级和阶级对立的资产阶级旧社会的，将是这样一个联合体，在那里，每个人的自由发展是一切人的自由发展的条件。"在马克思恩格斯看来，实现人的自由全面发展是未来社会区别于其他一切社会的显著特征和根本标志，是人类社会发展的最高目标。中国特色社会主义进入新时代以来，我国社会的发展不断促进我国人民的全面发展，人的本质是一切社会关系的总和、是社会进步的重要标志，实现人的自由而全面发展是中国特色社会主义的价值追求。

人的需求包括物质和精神两个方面，所以，人的自由而全面发展既包括物质生活的不断提高而摆脱物的依赖所带来的自由，也包括精神生活的不断丰富而带来的精神自由。随着物质条件的不断提高，人们越来越重视对丰富的精神生活的追求。文化是人的生产实践的产物，它以一种精神力量深刻地影响着人类社会，是社会发展的精神动力，也是人的精神生活的重要内容，对于实现人自由而全面发展起着重要的作用。人们只有坚定文化自信，才能增强文化自觉，不断创造出满足自身精神需求的新文化，对人的自由而全面发展产生积极的影响，这在一定程度上深化了人的自由而全面发展的理论。

三、完备了中国特色社会主义理论体系

文化在人类文明和社会发展中具有本质意义和基础性作用，其重要性在当代发展中逐渐凸显。文化在国家建设的不同阶段，有各自相对应的任务和发展思想。自新中国建立以来，中国共产党历代领导人都以马克思主义文化理论为基础，结合当时中国的具体实际，形成了一套与当时社会发展相适应的文化建设思想。党的十八大以来，以习近平同志为核心的党中央依据中国国情与国外文化发展态势，提出新时代中国特色社会主义文化思想，把文化自信作为中国特色社会主义理论体系的重要组成部分，推动了中国特色社会主义理论体系的不断深化和完善，创造性地发展了马克思主义理论体系，拓展了中国特色社会主义文化理论。同时，文化自信为人们提供了自我认同和价值基础，激发了人们的创造力和创新精神，有助于推进中国特色社会主义的创新，推动中国特色社会主义不断发展和进步。

中国特色社会主义文化理论是在实践过程中经过不断发展和探索，逐步形成和丰富起来的。文化自信的提出，充分体现了时代精神和中国特色，完善了中国特色社会主义文化理论，并且成为夺取新时代中国特色社会主义伟大胜利的强大支撑和不竭动力。新时代以来，社会主义初级阶段的主要矛盾发生了转变，这是我国社会发展过程中历史性的变化，对于要解决的新矛盾、新问题，我们要充满自信地积极应对。新时代文化自信是在新的历史方位下的理论创新，它结合中国的具体国情，焕发出巨大的生机和活力，完备了中国特色社会主义理论体系，在实现中华民族伟大复兴的征程中，文化自信将继续发挥重要的作用。

四、彰显了习近平文化强国重要论述的丰富内容

中华民族伟大复兴除了需要坚实的物质基础，还需要更多的文化支撑和强大的精神支撑。新时代文化自信的提出，为我国文化发展奠定了坚实基础，推动中国更好更快地向文化强国迈进。党的十八大以来，习近平总书记曾多次提到文化自信，并把文化建设放在民族和国家发展的重要位置，因为它是国家和民族发展软实力的重要体现。习近平总书记指出："一个国家、一个民族的强盛，总是以文化兴盛为支撑的，中华民族伟大复兴需要以中华文化发展繁荣为条件。"同时，民族自尊心和自信心是国家和民族强盛的重要保障，强大的文化自信可以增强中国人民的民族自豪感和自信心，强化中华民族的凝聚力和向心力。在一定程度上提高中国文化的软实力和国际竞争力，防范文化殖民主义对中国文化的破坏，维护中国文化的独立性和自主性，促进国家的繁荣进步。

党的十九大报告提出，中国特色社会主义进入新的历史阶段。在新的时代背景下，坚定文化自信是十分重要的，我们要科学认识文化自信，要把它放到"四个自信"中去把握，深刻认识文化自信的重要作用。它可以提高人民文化素养，构建更加和谐的社会文化环境。当前我国对文化建设的重视程度也逐渐提升，增强了文化自信，习近平新时代中国特色社会主义思想是极其丰富且符合社会发展规律的，形成了以

"八个明确"和"十四个坚持"为核心内容的思想体系，为新时代中国特色社会主义发展提供了科学的理论指引，形成了系统的文化强国战略理论体系。深入学习和理解习近平新时代文化自信重要论述，有助于全社会进一步坚定对社会主义道路与社会主义制度的自信。习近平文化自信重要论述，是引领中国特色社会主义文化事业发展的重要指导思想，是习近平新时代中国特色社会主义思想的重要组成部分，是在文化领域的集中表达。文化自信的增强为文化强国的建设注入了强大的精神支撑，彰显了习近平文化强国重要论述的丰富内容。

五、维护了当代中国人作为中国人的幸福与尊严

新时代中国特色社会主义文化自信的最核心的特质是做当代中国人的自信。文化是人的生存方式，人在文化中获得自己的规定性，文化塑造人，有什么样的文化就有什么样的人。从一般意义上看，人与动物的区分在于人对自身文化的自信，具体而言，人把自身当成人，还由于对自身所秉承的文化的自信。所以，当代中国人的文化自信实质是做中国人的自豪。所以，建设新时代中国特色社会主义的文化自信就是建立中国人对新时代中国特色社会主义文化的归属感以及由此生成的自豪感，并且能够主动捍卫自己作为中国人的尊严。

文化自信的主体是人，人对某种文化的自信必定与他们的生活方式相关联，与他们的幸福生活体验或想象相连。文化自信是对自己的生活方式和生活质量的自信，表达着人们对理想生活的可能性期待。中国人有着五千多年文明的骄傲与怀念，有着百年的民不聊生的苦难和屈辱，更有着新中国特别是改革开放以来的幸福生活体验和对未来的美好憧憬。这些历史的记忆与当下的体验构成了当代中国人对自身的理解。国家富强、民族复兴和人民幸福是专属于中国人的生活理想。这一理想的实现，离不开中国特色社会主义道路、理论和制度，文化自信建设就是要把中国特色社会主义理论、道路、制度与中国人的日常生活的幸福体验和中国人的精神世界勾连起来，把社会主义核心观与中国人民追求幸

福生活的实践勾连起来，在观念和行动中共同构建当代中国人的身份认同，形成对自身文化身份的自信和自豪。

六、有助于弘扬中华优秀传统文化

在社会发展的过程中，博大精深的中华文化不断发展和演变，形成了中华民族独特的性格和品质，也是中国人民从历史积淀中总结提炼出来的生存智慧和价值追求。在五千多年的文明发展历程中，中华优秀传统文化虽历经磨难，但最终传承下来，且生机勃勃，成为我们中华民族独有的文化优势和坚实的文化基础。需要充分挖掘其中蕴含的精髓，要把依然适用于当代发展的部分来实现马克思主义中国化与中华传统文化之间的融通，实现两者之间的双向良性互动，推动中华传统文化在新时代的创新发展[①]。新时代文化自信的意义是非常深远的，它突破时空的限制，增强了中华优秀传统文化的生命力和影响力，以及我们对本民族文化的认同感。

习近平总书记经常在讲话中引经据典，用古人的智慧来分析和解释当代社会发展中存在的现实问题，赋予这些中华经典典故以现实意义，为中华传统文化注入了活力，也受到大众的青睐。此外，与中国传统文化有关的影视节目也有助于增强我们对传统文化的自信。譬如综艺节目"中餐厅"，让外国客人充分感受到中国的饮食文化，对我国的饮食文化有更加深入的了解和喜爱；中国的儒学文化也深受外国学者的青睐，全球多个国家建立了孔子学院传播中国的儒文化；电影《功夫熊猫》也让其他国家对于中国功夫有了认识和了解并且深受喜爱；《流浪地球》是中国科幻电影的一次突破，赢得了国内外的一致好评；中国的"和"文化在国际上也得到了广泛认可，中国的外交政策深深地体现了中华民族对于和平的传递和维护，中国的"一带一路""人类命运共同体"等理念都深深地体现了这一点。这些都在一定程度上传播了中华优秀传统文化，提高了我国文化软实力，推动中华文化走向世界。

---

①马敏，李子林，张执均.坚定文化自信，助推文化兴盛[M].武汉：武汉大学出版社，2019.

七、有助于鉴别国外不同文化特点

在全球化进程中，各种思想文化间的交流与碰撞日益频繁，西方敌对势力也通过多种方式对我国进行文化渗透。例如利用新式传播媒介、西方学术理论等手段来混淆是非，企图削弱中国的主流意识形态，瓦解国民对自身文化的认同感，在一定程度上威胁到我国的文化安全。前美国商务部高官罗特科普夫曾大言不惭地说："如果世界趋向一种共同的语言，它应该是英语；如果世界趋向共同的电信、安全和质量标准，那么它们应该是美国的标准；如果世界正在由电视、广播和音乐联系在一起，节目应该是美国的；如果共同的价值观正在形成，它们应该是符合美国人民意愿的价值观。"由此可见，美国企图让全世界接受他们的思想，推进"全盘西化"的主张。随着大数据、人工智能时代的到来，西方对我国文化方面的渗透力度空前加大，使我国的文化安全遭受着严重挑战。我们需要坚定文化自信，透过现象看到西方敌对势力企图分化中国的本质，树立忧患意识，粉碎西方敌对势力的阴谋。

通过提高和增强人们的文化自信，可以激发人们对自身文化的热爱和热情，同时有助于我们辨别西方的外来文化。习近平总书记指出："我们说要坚定中国特色社会主义道路自信、理论自信、制度自信，说到底是要坚定文化自信。文化自信是更基本、更深层、更持久的力量。历史和现实都表明，一个抛弃或者背叛了自己历史文化的民族，不仅不可能发展起来，而且很可能会上演一场历史悲剧。"提升文化自信有利于夯实意识形态领域的领导权，更好地让社会主义核心价值观念深入人心，从而促进整个社会的道德进步和文明发展。人们只有认同自己的民族文化，才能在与其他文化产生交流与碰撞时，更好地辨别西方外来文化。增强文化自信可以引导我们的生活积极向上，抵御不良文化的入侵，提升文化软实力。

八、有助于推进社会主义精神文明建设

改革开放 40 多年来，我国社会发展的深度和广度不断扩大，中国的

综合国力不断提高，在国际竞争中处于更加积极的地位。进入新时代以来，习近平总书记高瞻远瞩，把文化建设提高到国家战略高度，在不同场合多次提到文化建设的重要性。文化融入社会发展的各个领域之中，为现代化发展提供精神动力，强调要推动社会主义精神文明和物质文明共同协调发展。文化的发展可以促进社会的全面发展和进步，同时为推动我国的精神文明建设提供了内在动力。在社会发展的前提下，人们可以通过更多的渠道和方式增加知识，了解文化，这可以扩大探索精神世界的范围和深度，丰富精神生活，从而在一定程度上促进我国精神文明建设。

当前，面对各种复杂的新形势、新问题，实施文化强国战略有助于提高国民的综合素质。国家在教育和科研方面有很大的投入，健全了公共基础设施的建设，让全民都有更多受教育的机会。此外，习近平总书记还非常重视提高全民族的思想道德素质，他多次在讲话中强调："国无德不兴，人无德不立。"可见，思想道德事关国家的兴亡、个人的成败。所以，我们必须不断提高自身的思想道德修养和科学文化素质，追求更高的思想道德目标，坚定理想信念，形成正确的人生观和价值观，在生活中严格遵守公民道德规范，不断加强自身的综合素质，推动社会主义精神文明建设。

九、有助于社会主义核心价值观的普及

社会主义核心价值观是基于当代社会发展实践的基础上对价值追求的凝练总结，是文化自信最核心的部分。习近平总书记指出："核心价值观，承载着一个民族、一个国家的精神追求，体现着一个社会评判是非曲直的价值标准。"由此不难看出，正确、科学的价值观的确立，可以引导民族文化向健康积极的方向发展，引导社会更好更快地走向理想社会的道德目标。在复杂的国内外环境中，社会主义核心价值观对人们的行为起着规范作用，可以推进我国社会环境持续健康发展。同时，通过文化建设，有力地批判了多种错误思潮，阻断了各种错误思潮对人们

的影响，特别是对青少年价值观的影响，例如拜金主义、享乐主义等错误观念。通过包括社会主义核心观在内的社会主义文化建设，很好地应对了西方价值观的挑战，有效地维护了我国意识形态的安全。

核心价值观是一个国家的重要稳定器。一个民族、一个国家，如果没有共同的核心价值观，就会魂无定所、行无依归。新时代文化建设的不断发展，提高了全民族的文化素质和道德水平，促进了社会主义核心价值观的普及，融入人们日常生活生产的方方面面，推动了文化建设的创新发展。人们高度重视提高自身道德素质和对社会环境的维护，有效地增强了人民群众对社会主义核心价值观的认同，对实现中华民族伟大复兴有着重要的意义。社会主义核心价值观是需要我们去实践的，要积极践行到我们的日常生活和工作中去。只有我们每一个人都逐渐地将社会主义核心价值观在生活中去理解实践，形成意识的自觉，才能更好更快地形成良好的社会风气，促进社会和谐发展。社会主义核心价值观已经深深地融入社会发展中，提升着人们的科学文化素养和辨别是非的能力。

十、有助于坚持与发展中国特色社会主义

新时代文化自信建设既是中国特色社会主义坚持与发展的内在需求，也是反击西方文化霸权主义的有力手段。

文化自信建设是中国特色社会主义事业坚持与发展的重要组成部分。从个体的角度上说，在静态社会中，文化的社会作用表现为由社会中的个体生发出的精神黏合剂，维持着社会的团结和既定秩序的巩固。在发展的社会中，文化的社会作用表现为由个体生发出的推动社会发展的精神动力。在面临敌对异质文化侵略的变化发展的社会中，文化的社会作用表现为由个体生发的基于比较而生成的捍卫自身社会的底气、勇气，即文化自信的社会作用。中国特色社会主义已经进入新时代，随着中国社会主要矛盾的转变，中国的社会实践有了新起点新要求，需要新气象新作为，在此，坚持和发展中国特色社会主义是当代中国发展进步的根

本方向。文化自信建设就是要用中国精神、中国价值武装中国人民，形成中国力量，使其以乐观自信的心态看待那些尚未弄清楚的问题和待解的难题，科学地对待发展前进过程中出现的问题；以清醒的理智和强烈的主体意识看待异质文化，坚持学习与批判的辩证法，洋为中用；以积极的责任意识对待民族复兴的中国梦，在中国梦与个人梦的统一践行作为中国人的尊严与自豪。

当代世界，国际竞争已然从最初的军事、经济竞争又增加了"文化软实力"的竞争。西方国家的所谓"文化软实力"竞争，实质不过是"文化殖民主义"的中性表达，是"冷战思维"在当今世界的延续。作为后殖民新样式"文化帝国主义"给世界造成的文化安全问题成为各国文化自信战略形成的主要原因。这里所提及的"文化帝国主义"主要是指以美国为中心的西方"文化霸权主义"，二者可以理解为等价概念，意在于借助其在军事、经济领域的雄厚实力对他国进行文化侵略，消解他国民族文化认同感，破坏他国民众精神状态，夺取他国意识形态领导权，并以此来巩固其在经济、政治领域的全球统治地位。"文化帝国主义"对世界尤其是对广大发展中国家产生的种种威胁早已昭然若揭。谋求意识形态领域的单极世界严重破坏世界文化多样性，对此，构建对本民族文化价值充分肯定与坚定信念成为抵制文化殖民主义最基本的手段，一个民族的精神状态一旦需要依附于他国文化来构建，那么，这个民族也将不复存在了。因此，为保持我国意识形态领域独立自主状态，进行新时代文化自信建设不仅是必要的，也是迫切的。

十一、有助于坚持中国文化的社会主义现代化发展方向

习近平总书记强调，发展中国特色社会主义文化，就是以马克思主义为指导，坚守中华文化立场，立足当代中国现实，结合当今时代条件，发展面向现代化、面向世界、面向未来的，民族的科学的大众的社会主义文化。这一论述，指出了中国特色社会主义文化发展方向即走向现代化。中国特色社会主义文化随着中国特色社会主义伟大事业的兴起与发展而发展起来，是改革开放40多年伟大实践的结果。一方面，40多年改革开放的经验还需要深入总结；另一方面，改革开放还要更深更广地进行下去。所以，自觉形态的中国特色社会主义文化既是当下必须坚持的，同时也是不断发展的。显然，建设中国特色社会主义文化自信是中国特色社会主义文化走向现代化的重要前提保障。

文化现代化是国家整体现代化的重要组成部分。当代世界人们对于文化现代化的理解存在着根本性的分歧。一种源于西方的观点认为，既然现代化的源头在西方，西方的现代化程度也最高，所以西方的现代化是所有国家现代化的样板、标准和尺度，现代化就是西方化。这种"西方中心主义"的现代化文化观念，实质是把现代化文化与资本主义文化等同，把现代化文化与欧洲特别是西欧文化等同，否认了现代化文化的民族差异，否认了社会主义现代化文化与资本主义现代化文化的本质区别。新时代文化自信建设是对中国文化的社会主义现代化方向的信心与信仰建设。坚信并积极参与中华优秀传统文化的创造性转化和创新性发展。

中国特色社会主义文化是"民族的科学的和大众的"，这种特质可以从实证和规范两个角度理解。从实证的角度看，中国特色社会主义文化的民族性体现为这一文化本身就是当代中国人的所思所想，是活生生的文化形态，中国特色社会主义文化的科学性，不仅指这一文化从实践中生发出来，而且指它又被当下中国实践检验是合理而正当的文化。中国特色社会主义文化的大众性，是指这一文化本身已经得到大众的认可。从规范的角度看，这里的民族性指中国特色社会主义文化是通过中华民族且为了中华民族的文化，是中华民族伟大复兴的文化。这里的科学性是指，从理想的意义上说，中国特色社会主义文化具有现代化和世界性的内涵，能够在文化竞争中呈现先进性和优越性。所以，中国特色社会主义文化的自信既有其现实根基，又有进一步巩固和发展带领中华文化走向现代化的必要性。

第二节　新时代坚定文化自信的可行性

中国特色社会主义文化是中华优秀传统文化与马克思主义在当代中国以中国特色社会主义实践为中介的创造性结合，是属于当代中国人自己的文化。

一、新时代提供了历史平台

习近平总书记指出："经过长期努力，中国特色社会主义进入新时代，这是我国发展新的历史方位。"这是基于我国当前新的社会主要矛盾、新的奋斗目标、新的国际环境等方面所作出的重大判断。新时代以新中国特别是改革开放以来所取得的伟大成就为奠基，为文化自信建设提供了雄厚的经济、政治和文化基础，站在新的起点上又对党和国家的文化自信建设也提出了新要求。

2017年10月18日，习近平总书记在党的十九大报告中指出，中国特色社会主义文化，源自中华民族五千多年文明历史所孕育的中华优秀传统文化，熔铸于党领导人民在革命、建设、改革中创造的革命文化和社会主义先进文化，植根于中国特色社会主义伟大实践。从本文的角度上看，习近平总书记对中国特色社会主义文化的概括至少包括两层含义：中国特色社会主义文化已经形成；中国特色社会主义文化的核心内容已经确定。这就为文化自信建设指明了方向和目标。

新时代为文化自信建设提供经济基础。新时代以来，我们完成了很多过去没有完成的任务，办成了过去没有办成的大事。在世界经济复苏乏力以及疫情全球化蔓延的情况下，我国经济发展水平仍然能够保持增长，人民依然保持安居乐业状态，这为文化自信建设提供大众对中国特色社会主义经济发展模式的认同与支持。新时代为文化自信建设提供政治基础，中国特色社会主义政治发展道路是符合广大人民群众根本利益的社会主义民主政治，新时代以来，坚持党的领导、人民当家作主、依法治国有机统一的政治道路的不断完善和发展，为人民自觉意识提供了政治基础。新时代为文化自信建设提供文化基础，中国特色社会主义文化已经形成，并且不断发展。新时代以来，积极推动公共文化服务均等化，推动中华文化的创造性发展，繁荣社会主义文化事业和文化产业，为文化自信建设提供了精神支持。

新时代也为文化自信建设提出新要求。人民日益增长的美好生活向往为文化自信建设提出了更高要求的人民性指向，文化建设依靠人民，更要为了人民，这也是马克思主义的根本立场。日益提高的国际地位为文化自信建设提出更高的国际性指向，构建国际话语体系及影响力，传播中国声音，讲好中国故事，在文化比较冲突中建设文化自信状态。历史交汇期为文化自信建设提出了更高的目标指向，在全面建成小康社会的基础上迈向现代化强国新征程，为文化大国向文化强国转变要构建更加强大的文化心理状态。

新时代为文化自信建设提供历史条件的同时也提出了许多新要求，这也是接下来文化自信建设工作致力的方向。

二、共产党百年来文化建设的经验积累

中国共产党是先进性的政党，是引领中国各项事业不断发展的政党，文化建设始终是其重要的事业①。建党100多年以来，在文化建设方面积累了丰富的经验和规律性的认识，为新时代文化自信建设提供有益参考。

始终坚持中国共产党对文化建设的全面领导，中国共产党是文化建设的领导核心，从新民主主义革命时期带有鲜明民族性与革命性的反帝反封建的文化，到社会主义革命与建设时期的以"百花齐放，百家争鸣"方针指导下进行的社会主义文化转型，再到改革开放新时期，物质

---

①孙岳兵. 马克思主义文化建设思想的继承与发展[M]. 北京：中国政法大学出版社，2018.

文明极大提高的同时也要繁荣社会主义精神文明，为文艺创作提供更多的可能性空间，以及新时代背景下，力图从文化大国向文化强国转变，都是在中国共产党的领导下进行的，也都是在中国共产党的领导下实现的，因此，新时代文化自信建设也应当由中国共产党来组织引领，才能够形成更多的社会认同。

始终坚持马克思主义在文化建设中的指导地位，马克思主义以其科学性、革命性以及实践性等特征贯穿于中国革命、建设与改革的各个领域，在文化建设领域应当也必须形成马克思主义文化观。从新民主主义革命时期，毛泽东在《中国文化》创刊题词中强调，要以马克思主义为指导活跃文化界，号召实现为民族独立，为人民解放而奋斗，到社会主义革命与建设时期，用马克思辩证唯物主义观点看待中西方文化之别，繁荣社会主义的民族的新文化，再到改革开放历史新时期，实现马克思主义与中国具体实际相结合，形成具有中国风格、民族特色的中国特色社会主义新文化，以及新时代背景下，马克思主义指导下的文化创新"抗疫精神"也正是马克思主义时代性的体现，所以，新时代文化自信建设离不开马克思主义作为精神指引。

始终坚持以人民为中心的文化建设思想，"以人民为中心"一直是中国共产党领导各项事业的重要着眼点。从新民主主义革命时期，以人民为中心的文化建设思想，广泛团结人民、教育人民致力于形成思想统一战线，到社会主义革命与建设时期，提出"为什么人的问题"是文化建设根本问题，这一时期文化建设主要在于肃清封建残余思想的同时树立为人民服务的文化建设思想，再到改革开放的历史新时期，为人民思想不断深化，以及新时代背景下，以满足人民日益增长美好文化需求基础上进行文化建设。

三、中国共产党的领导

中国共产党作为马克思主义政党，从成立之日起便具有鲜明的科学性、人民性、实践性、世界性等品质。这也决定了中国的各项事业只有在这一政党的领导下才能取得伟大胜利，尤其是意识形态领域的领导权关乎着民族精神独立性。

马克思主义政党的科学性体现在马克思主义是能够揭示人类社会发展一般规律的普遍真理，能够为人类社会的发展提供方向上的指引，"资本主义必然灭亡，社会主义必然胜利"的发展命运，随着"西强东弱"态势的不断扭转而不断得到证实，为中国共产党领导各项事业提供了底气。马克思主义政党的人民性体现在它是为无产阶级服务的，当然，无产阶级不仅属于人民群众的范畴，更应当是其最核心的部分，所以，马克思主义政党与人民群众的根本利益具有高度一致性，这也是中国共产党之所以能够领导各项事业的最根本所在。马克思主义政党的实践性在于强调实践是马克思主义的源头活水，同时又反作用于实践，在带领世界无产阶级解放的革命事业中不断得到检验，中国共产党带领全国人民取得一次又一次伟大胜利就是对它实践性的最有力佐证。马克思主义政党的国际性体现在它是为全世界无产阶级解放的，所以，西方资本主义极力打压马克思主义，甚至将我国意识形态称为"敌人、对手"，这也是马克思主义政党强大力量造成西方出现恐慌情绪的佐证，所以坚定马克思主义在意识形态领域的指导地位不仅是必要的，也是具有可行性的。

第五章　新时代坚定文化自信的重要价值

　　新时代坚定文化自信何以可能？这就要从探求坚定文化自信的重要价值和意义中寻找突破口，来充分回答和解释倡导文化自信的实然之举和应然之义。新时代坚定文化自信的重要价值表现为：文化自信是社会主义经济建设的精神引擎以及社会主义政治发展的动力支撑；更是我国文化安全防御的基本要求和中华民族伟大复兴的必然选择；同时也能够促进世界多元文明间的交流互鉴。

第一节　文化自信是社会主义经济建设的精神引擎

　　"从社会生活的各个领域中划分出经济领域来，从一切社会关系中划分出生产关系来，并把它当作决定其余一切社会关系的基本的原始的关系"。①经济与文化的发展相辅相成，经济为文化发展提供物质基础，而文化发展的好坏对经济发展会造成相应的影响。一方面，经济大力发展

---

①列宁.列宁选集[M].北京：中央编译出版社，2022.

能够促使文化发展欣欣向荣。经济发展实力雄厚，才能在文化建设中投入更多的财力、物力和人力，进而推动文化领域的创新性发展。与此同时，衣食足而知荣辱，在物质生活条件得到改善前提下，人民的精神文化需求呈现多样化发展，他们在精神文化得以满足中不断提升自身文化素养，成为现代化建设的坚实力量。另一方面，现代化经济建设需要文化自信为其提供精神动力。文化的繁荣发展对经济有积极的促进作用，当文化发展得到全体人民的肯定和认同，那么会使人民群众团结一心进而形成最广泛的力量，为经济发展提供强大动能。坚定文化自信，才能够促进经济、政治、社会的稳定发展。经济发展离开文化的支持，便不能全面性、协调性发展，只有为经济建设提供源源不断的精神动力，才能使物质发展更加平衡。文化发展过程中若不重视经济因素，便无法为文化的全面发展提供基本的物质保障，因此，党和国家坚定文化自信，提高中国特色社会主义文化的精神引导力，从而能够更为精准和持续地促进社会主义经济发展。

第二节　文化自信是社会主义政治发展的动力支撑

文化是国家和民族的灵魂，相较于道路自信、理论自信、制度自信而言，文化自信是更具有基础性、广泛性和深厚性的自信。从深层次上看，文化自信构建蕴含着多重价值底蕴，如人民性价值底蕴、政治性价值底蕴、民族性价值底蕴等。从整体上看，新时代坚定文化自信的政治底蕴既有理论层面的价值支撑，也有实践层面的现实意义，一并成为推动社会主义政治发展的动力。在理论层面，新时代文化自信的政治底蕴为社会主义政治发展夯实理论基础。新时代文化自信构建坚持马克思主义的指导地位，"在坚持马克思主义指导地位这一根本问题上，我们必须坚定不移，任何时候任何情况下都不能有丝毫动摇"①。对于文化自信建构而言，将马克思主义理论与中国文化建设实践相结合至关重要，马克思主义理论是具有科学性、实践性和人民性等鲜明特征的理论，是以历史唯物主义和辩证唯物主义为基础，是与时俱进的真理。中国历史发展的过程证明，选择、坚持和发展马克思主义是其必然，只有这样才能保证文化建设的先进方向，失去马克思主义的指导，文化建设将会失去深厚基础和支撑。马克思主义是坚定文化自信、铸就社会主义文化新辉煌的根本指导思想，尤其是面临国内国外各种文化相互激荡与碰撞给我国意识形态领域所带来的冲击和影响下，以马克思主义为指导，捍卫和坚守住文化建设中意识形态领域的阵地，有效防范和解决意识形态领域所面临的各种风险与挑战，坚定社会主义理想信念，以实现人民美好生活为目标，凝聚广大人民群众的主体性力量，以喜闻乐见的社会主义文化吸引广大人民群众投身于社会主义文化建设中来，夯实新时代文化自信建构的基础，沿着坚定明确的社会主义文化发展方向铸就社会主义文化强国之梦，让中国特色社会主义文化走出中国、走向世界。此外，新时代文化自信构建以马克思主义最新理论成果为指导。"马克思主义是我们立党立国、兴党兴国的根本指导思想。实践告诉我们，中国共产党为什么能，中国特色社会主义为什么好，归根到底是马克思主义行，是中国化时代化的马克思主义行"。②马克思主义中国化的最新理论成果即习近平新时代中国特色社会主义思想，为新时代坚定文化自信提供了最新指导思想，夯实中国特色社会主义文化建设的思想基础，将文化自信建构上升至民族谋复兴的崭新高度。这一最新理论成果使得新时代文化自信构建的定位更加清晰与明确，即文化自信是民族进步的力量和国家发展的灵魂，要在最新理论成果引领下坚定文化自信，立足于当下中国发展实际，坚持对中华优秀传统文化的创造性转化和创新性发展，对新时代红色革命文化的宣扬和巩固，对社会主义先进文化的持续性拓

①习近平. 习近平谈治国理政[M]. 北京：线装书局，2022.
②习近平著作选读：第1卷[M]. 北京：人民出版社，2023.

展，进而让民族文化自信欣欣向荣，不断铸就中华文化新辉煌。

在实践层面，新时代文化自信的政治底蕴助力社会主义政治发展。其一，新时代文化自信构建坚持中国共产党领导。当今世界，要说哪个政党、哪个国家、哪个民族能够自信的话，那中国共产党、中华人民共和国、中华民族是最有理由自信的。一直以来，无论是社会主义革命、建设、改革开放时期，还是中国特色社会主义进入现代化建设时期，中国共产党始终是具有高度责任感的使命型政党，是新时代坚定文化自信的忠实践行者。无数的历史经验告诉我们，没有中国共产党的领导，就不可能带领广大人民群众走向实现中华民族伟大复兴的新征程，就不可能增强全国各族人民的精神风貌，走向文化自信和文化自强，为建设社会主义文化强国奠定根基。一方面，中国共产党为新时代坚定文化自信明确了立场和方向，将中国特色社会主义文化建设领域所构建的设想和目标与人民群众心声、与国家未来前途命运以及民族复兴紧密相结合，在此基础上深刻阐释新时代坚定文化自信的重要价值和意义，进而以文化自信夯实与汇聚推进社会主义政治发展、实现中华民族伟大复兴的精神力量，在坚定不移推进中国式现代化中坚定文化自信，描绘新时代文化自信的崭新蓝图，坚定文化自信的基本立场和发展方向，推动文化繁荣、建设文化强国。另一方面，中国共产党为新时代坚定文化自信增添了实力和底气，中国共产党是中国特色社会主义事业的领导核心，文化层面的自信自强离不开经济政治生态社会等领域的繁荣发展，正是中国共产党带领人民群众在经济政治社会等领域取得实践成就，才为文化领域的自信自强创造了优越的前提条件，才让广大人民群众在满足自身物质需求的同时，实现精神生活的共同富裕，自觉自主追求文化层面的满足，使得人民的获得感、幸福感、安全感更加充实，为新时代坚定文化自信提供更加坚实的基础，推动中国特色社会主义文化建设进一步走向自信自强。其二，新时代文化自信构建夯实核心政治价值观培育。核心政治价值观是确保社会主义政治稳定发展关键因素，涉及国家与个人之间、个人权利与公共权利之间关系，关乎国家治理体系和治理能力现代化的成效以及社会和谐稳定，培育和践行适应社会主义政治发展、获得人民内心真正认同的核心政治价值观至关重要。从内容上看，核心政治价值观包括民主、法治、公平、正义等多元内容，每一个价值观内容对于理解社会政治生活、稳定社会政治生活都至关重要。例如，就民主而言，协商民主是中国特色社会主义政治道路上的重要民主形式，在我国政治文化中相对应的就是"求同存异、兼容并蓄"。协商民主这一具有中国特色的民主形式能够促进党同人民群众的血肉联系，广泛吸取各个领域、各个层次的不同意见和声音，既反映多数人的诉求与愿望，又吸纳少数人的建议，拓宽各种渠道广泛沟通协商，最大程度地凝聚全社会共识，保障人民有序政治参与，让人民监督权力，让权力在阳光下运行，让人民了解和接受党的路线方针政策，确保党的路线方针政策更加有力地贯彻执行，带领广大人民群众共同致力于中国特色社会主义事业向前发展。其三，新时代文化自信构建旨在实现人民美好政治生活。一直以来，人民对美好生活的向往就是我们的奋斗目标。我国当前社会主要矛盾的转化表明人民对美好生活的追求不再仅仅局限于物质层面的满足，在解决温饱问题、总体上实现小康的基础上，人们对于美好生活的拓展到政治、社会、环境等各个领域，这对新时代中国特色社会主义文化建设明确了实践方向，提出了更高、更全面的要求。因此，新时代坚定文化自信的重要之处就在于在满足人们物质文化生活需求的同时，为人民创造和满足更加全面的美好生活进而实现精神生活共同富裕而努力。尤其是在政治生活层面，人民所向往的美好政治生活是在永葆清正廉洁政治底色的基础上，要充分尊重人民的主体性，培养人民群众积极健康的主体意识，真正让人民实质性地参与到政治生活中去，提升广大人民群众在政治生活的参与感、获得感。要密切关注、切实了解人民群众政治生活现实问题，扩大人民群众广泛参与政治生活的渠道和途径，提升人民群众在政治生活中积极主动性，营造良好的政治生活参与氛围，构建持续良性发展的政治生活秩序。在这一过程中，要及时了解人民群众多样化的利益诉求，深入分析汇总人民群众政治参与的现实情况反馈，有针对性地进行分析，制定相关举措，以此保证整个人民群众参与政治生活系统的运转与巩固，在不断发展中保障人民群众有序政治参与的基本权利，不断满足其日益增长的政治生活的需要，进而实现人民美好政治生活。

第三节　文化自信是我国文化安全防御的基本要求

文化自信极为重要。要消灭一个民族，首先瓦解它的文化。文化是民族存在的衡量标准，关系到民族的兴盛与衰亡。衡量一个国家是否强大，除了对比经济、政治、科技是否强大以外，还要正确估计这个国家的文化是否具有强劲势头，主流文化在国内是否占据重要位置以及能否为人民群众所自觉地接受。一个国家不可能只存在一种文化，但是一个国家的稳定发展必然要有主流文化来占据主导地位，唯有在坚持主流文化基础上实现文化繁荣，才更有利于促进国家的稳定发展。因此，一方面，要坚持主流文化——中国特色社会主义文化的前进方向，有所选择地吸取中华优秀传统文化的精华。毋庸置疑，中华优秀传统文化是中华民族的"根"和"魂"，但依据时代发展以及人类历史进程来看，我们既是传承中国传统文化的华夏儿女，更是新时代推动中国式现代化发展的人民群众，因此，我们要清楚分析社会主义文化与中华优秀传统文化间的关系，清楚认识到具有治国理政、道德教育的传统文化理念所形成的历史背景与如今国家发展所处时代的联系与区别，剖析中华传统文化的本质，取其精华、去其糟粕。另一方面，文化自信事关国家文化安全。文化自信是中国不断提高文化话语权，更加关注和维持中国文化安全的必然选择。文化自信是本民族发展更为坚定、更为基本和更为持久性的隐性力量。中国正处在发展重要战略机遇期，既有机遇又面临着更为艰巨的挑战，唯有不断提高本民族文化自信心，才能够从容应对机遇与挑战，积极寻求国家发展的策略。在世界文化发展中，以美国为首的西方文化霸权依然存在，他们采取各种方式方法对中国进行文化渗透，因此，中国唯有坚定文化自信，提高自身文化软实力，掌握文化发展的主动权和话语权，才能够变被动为主动，更加自觉自信地发展本民族文化，进而维护我国文化安全。

第四节　文化自信是中华民族伟大复兴的必然选择

"文化是一个国家、一个民族的灵魂。文化兴则国运兴，文化强则民族强。没有高度的文化自信，没有文化的繁荣兴盛，就没有中华民族的伟大复兴"。[1]文化的强弱关系到国家的兴衰，一个国家即使经济发展势头旺盛，若无文化提供精神支撑，将不会"走得太远"，一个民族若无本民族文化的繁荣，在历史长河中也会逐渐落后甚至消失。中华民族在人类历史发展中占有重要地位，之所以能够在历史长河中长久地生存下来，其重要的原因在于拥有五千多年之久的中华文化延绵不断，为中华民族提供着精神动力。文化的影响是潜移默化和源远流长的，对人类文明进步发挥着不可磨灭的作用。文化的力量在于为国家和民族不断注入精神动力，能够使人民在共同的精神文化信仰中团结一心，进而促使国家或民族发展永葆活力。在新时代，实现中华民族伟大复兴是中国发展最为重要的目标，中国如今的发展态势使得现在更有能力去实现这一发展目标。中国特色社会主义文化的目标是实现广大人民群众的美好精神追求，为中华民族伟大复兴提供精神力量。因此，我们要在新时代倡导文化自信，充分发掘我国独特的文化内涵，大力发展中国主流文化，抵制和打击不良文化、落后文化、反动文化。与此同时，我们还要重视人民的主体地位，发挥人民群众的文化创新能力和文化创造活力，提升人

---

①党的十九大报告辅导读本[M].北京：人民出版社，2018.

民的精神文化素养，为人民提供足够的精神食粮，以创造更加美好的精神文化生活，使中国人民更加自信和更为坚定地投身于中国式现代化伟大建设之中。

第五节　文化自信增强世界文化间的交流与合作

站在新的历史起点上，我党对中国特色社会主义文化建设认识上升至新的高度，把文化自信构建置于治国理政中更为突出的位置，实现文化更加繁荣、建设文化强国、建设中华民族现代文明成为新时代中国特色社会主义文化建设中新的担当与使命。百年未有之大变局下，世界处于新的动荡变革期，人类文明发展面临着诸多挑战，每一种文明都有其可取之处，然而现实却是多元文明之间的竞争、碰撞与冲突加剧，加之各种社会思潮的涌入与渗透，阻碍与影响着不同文明之间的交流互鉴，极大地削弱着人类优秀文明的生命力发挥和影响力渗透，各个文明的负面影响被片面性夸大，试图将政治问题与各个文明相挂钩，大肆鼓吹所谓的文化虚无主义，磨灭多元文明间交流互鉴的重要意义，影响多元文明的创新发展与融合。对于中华文明而言，作为人类文明发展史上的重要存在，从始至终都在与其他文明的交往交流交融中实现自身发展创新。因此，要大力促进中华文明与世界其他文明之间的交流互鉴，"要尊重世界文明多样性，以文明交流超越文明隔阂、文明互鉴超越文明冲突、文明共存超越文明优越"①，"促进不同文明不同发展模式交流对话，在竞争比较中取长补短，在交流互鉴中共同发展，让文明交流互鉴成为增进各国人民友谊的桥梁、推动人类社会进步的动力、维护世界和平的纽带"②。要以现实困境与问题意识为依托有针对性地解决各个文明交流互鉴中的障碍，实现中华文明与世界文明友好互动交流与人类文

①习近平著作选读：第2卷[M].北京：人民出版社，2023.
②习近平.习近平谈"一带一路"[M].北京：人民出版社，2018.

明进步，不断提升新时代中华文明的传播力与影响力，进而为解决其他全球性问题奠定坚实基础。新时代坚定文化自信能够促进多元文明间交流互鉴，文化自信与文明互鉴相得益彰，文化自信实质上是对本民族文明认可和对其他民族文明价值平等的承认，背后所彰显的是对本民族历史和文明发展的充分认可以及对其他民族历史和文明的尊重，民族文化与世界文化之间的交流融合是推动中华文明与其他文明交往的重要推动力。因此，新时代坚定文化自信必须坚持开放包容、和而不同的态度，达成尊重文化多样性的共识，既要充分厘清本民族文化和其他民族文化之间的深层次联系，把握好本民族文化的创造性转化和创新性发展，也要秉持着适度性的原则将本民族优秀文化与外来优秀文化以合理的方式相融合，在坚定文化自信中构筑人类文明交往互动，进而实现人类文明互鉴共进的长远目标。

新时代坚定文化自信助力讲好中国故事，将中华文明优秀成果传播出去。随着中国综合国力的不断增强，国际地位和国际竞争力的日益提高，世界各国对于中国自身各个领域的发展关注度不断提高，尤其是对于中华文明优秀成果的学习兴趣和期待越来越高。可见，能否用心讲好中国故事、展现好中国形象、传播好中国声音至关重要，这关乎世界各国对中国社会的整体性认识和中国在国际社会中的话语权以及舆论环境的好坏，这是新时代让世界充分了解中国、让中国向世界全方位展现互动的重要机会。因此，要"坚守中华文化立场，提炼展示中华文明的精神标识和文化精髓，加快构建中国话语和中国叙事体系，讲好中国故事、传播好中国声音，展现可信、可爱、可敬的中国形象"。①要坚定文化自信，中国的文化自信是坚持交流互鉴的发展道路，尊重文化多样性、寻求多元文化间的共同之处，充分释放中国文化的生命力和影响力，把中华优秀传统文化的精神标识宣传阐释出去，吸收外来文化的优秀成果并将其融入自身之中，铸就独具中国特色的文化根基。进而以文化自信推进多元文明交流互鉴，高举中华文明与其他文明交流互鉴的大

---

① 习近平著作选读：第2卷[M]. 北京：人民出版社，2023.

旗，结合中国精神、中国道路、中国力量等多维视角，增进中华民族现代文明建设，通过创新与凝练中外之间沟通的相关表述，向全世界主动讲好中国如何治国理政、如何带领人民团结奋斗等相关故事，讲清楚中国主张和平与发展的诚心，向全世界彰显中国有责任有担当的大国形象，将中国式现代化建设的成果与成效宣传出去，让世界聆听中国故事、感受中国的魅力，让全世界看到中国希望各国共同繁荣发展的信心与决心，让世界各国人民能够更好地理解与读懂中华文明、中国式现代化道路、中国特色社会主义等，实现和鼓励世界各个文明之间的交流交往交融，为人类文明发展提供中国智慧和中国方案，进而共同为全球性发展作出贡献。

新时代坚定文化自信展现中华文化独特魅力，以文明交流互鉴助推人类命运共同体构建。进入新时代，坚定文化自信的过程也是深入研究中华文明的过程，在多视角深入挖掘阐释中华优秀传统文化历史发展、独特价值与鲜明特色的同时，中华文明的历史脉络、价值底蕴也随之推动探索。同样，深入研究中华文明具体形态和鲜明特色，充分掌握中华文明的精髓与价值，不断深化对中国特色社会主义文化建设的规律性认识，才能进一步把握好新时代文化自信构建的实践方向，助推中华文化延伸发展，激活中华文明与世界文明交流互鉴新活力。具体而言，新时代文化自信构建让中华文化魅力充分释放，通过文化的凝聚力激发广大人民群众对美好生活的追求与向往，培养人民群众参与到中国特色社会主义文化建设中来，打造贴近人民群众生活、符合人民喜好的文化作品，还要将中华文化的深厚底蕴和时代气息弘扬出去，通过独具中国特色、中国作风、中国气派的文化作品与世界各国文明建立交往联系，向全世界展示中华文化的魅力，提升我国的文化软实力和中华文明世界影响力。此外，中华文化中蕴含着丰富的中国智慧，文化自信促使中华文明以更加开放包容、积极向上的态度面对世界其他文明，以中国智慧推进世界多元文明互鉴，在与其他文明交流互鉴中焕发新的生机与活力。例如，中华文化中所提倡的天下大同、协和万邦的智慧精髓，是与治国理政中所提出的"一带一路"相对应，"一带一路"的倡议在给沿线国家经济发展助力的同时，也将中华文化传播出去，将中华文明与其他国家文明交融交流，打开了中国与其他国家文明交往与互鉴的窗口，实现彼此间的合作与和平发展，共同构建人类命运共同体，为世界未来发展带来新机遇，向世界传达中国式现代化的理念与观点，为全球发展贡献中国智慧。

新时代坚定文化自信提升民族文化认同感，丰富和发展人类文明新形态。"我们坚持和发展中国特色社会主义，推动物质文明、政治文明、精神文明、社会文明、生态文明协调发展，创造了中国式现代化新道路，创造了人类文明新形态"。①人类文明新形态植根于中华文明之中，是在对中华优秀传统文化创造性转化和创新性发展的基础上，吸收借鉴世界多元文明中的优秀元素，不断进行文化创新的过程中所创立的。坚定文化自信对于人类文明新形态构建而言，进一步明确和赋予了中国文化自信新的价值底蕴和时代意义。人类文明新形态作为中国共产党引领人民群众团结奋斗下的阶段性成果，其发展是循序渐进的过程，从简单走向复杂、从落后走向进步，本质上是为了实现人自身的自由而全面发展，是区别于资本主义文明的、独具中国特色的全新文明形态。文化自信促使中国特色社会主义文化建设不断深化，在坚持以人为本的前提下，从文化内涵、文化形式、文化价值等多维度丰富中国特色社会主义文化，让文化自信构建为了人民、依靠人民，日益提升民族文化认同感，为丰富和发展人类文明新形态助力。人类文明新形态是全人类的共同财富，是与世界多元文明优秀成果交流互鉴的成果，对于中国本民族发展以及世界各国发展而言都具有深远的影响与意义，它的感染力、号召力为中华民族伟大复兴积蓄力量，为人类现代文明发展指明前进方向。

---

①新华通讯社. 习近平总书记在庆祝中国共产党成立100周年大会上重要讲话精神述评[M]. 北京：新华出版社，2021.

第六章　新时代坚定文化自信面临的机遇与挑战

第一节　新时代坚定文化自信面临的机遇

一、互联网的发展对坚定文化自信创造的机遇

首先，有利于扩大我国文化的传播和影响力。网络化为人民群众提供了全新的交流平台，网络的出现极大地激活了人们进行文化交流与传播的积极性与创造性。与以往的文化传播相比，网络打破了时间与空间的限制，具有形式多样、方便快捷的优势，无论是微信公众号还是微博，都极大地方便了信息的传播。网络的出现也创新了文化传播的方式，使文化交流与传播前所未有地自由与开放，人民群众在网络上能够自由、开放、包容地进行交流与互动，微博话题的讨论，微信公众号的留言都为文化的相互交流提供了强而有力、形式多样的手段，给予人们文化交流更大的选择权，网络的迅速普及更加有利于提高我国文化的传

播和影响力①。

其次，有利于中西文化的进一步碰撞与交流。习近平总书记指出："互联网是传播人类优秀文化、弘扬人类正能量的重要载体；中国愿通过互联网推动世界优秀文化交流互鉴，让各国人民了解中华优秀文化，促进人类文明进步。"在中国特色社会主义新时代，人们借助互联网进行思想交流与传播的效率得到了极大的提高。网络将全球各个地域丰富多彩的文化共同融入一个空间中，前所未有地促进了中西文化的相互交流。比如国家形象宣传片借助网络的传播也使西方社会更好地了解到了一个更加真实的中国，同时中国人民通过网络也实现了足不出户就能了解西方社会的风景地貌与文化风俗。新时代下移动互联网的普及更使中西文化能够随时随地、时时刻刻地交流碰撞，从而取长补短，为自身文化的发展注入更加强劲的活力。

最后，有利于社会主义文化创新。作为文化传播的新媒介与新平台，互联网突破了时空限制，塑造了全新的文化景象，为文化的传承创新带来了前所未有的机遇。在中国特色社会主义新时代，我国已经进入了"互联网+"时代，互联网的广泛应用给传统行业注入了新的活力。"互联网+"利用互联网技术和平台，使传统行业获得新的生机、创造新的价值、体现新的发展生态。互联网是群众智慧展现最广的空间，也是为创新才能的施展搭建最优的平台。这有助于打破固有的藩篱，实现全新的突破。只有持续不断的文化创新，才能使一个民族保持旺盛的生命力。互联网在中国的迅速发展为社会主义文化创新提供了良好的机遇，为社会主义文化创新插上了有力的翅膀，把握互联网大发展的机遇，促进民族文化的大创新是新时代的重要使命，也是实现"两个一百年"奋斗目标的必然要求。

二、社会主义市场经济对坚定文化自信创造的机遇

首先，有利于优化社会主义文化产业结构。文化产业的不断市场化

---

①黄威，王湘霖，薄海珠，等．新媒体时代大学生文化自信提升的机遇、挑战与路径[J]．哈尔滨职业技术学院学报，2023（2）：95-98.

有利于加速资本、技术、人才在文化优势领域的迅速集聚。通过文化产业的市场化，文化产业主体可以通过吸收外资等手段迅速获得文化产业发展所需要的大量资金，为文化产业结构优化升级提供资本上的支持。与此同时，市场经济的优胜劣汰为文化产业的升级转型也造成了巨大的压力，迫使文化产业采用最新的技术来进行文化资源的开发、利用、制造与传播，以此来提高文化产品的竞争力，从而为文化的繁荣提供最重要的技术支持。

其次，有利于扩大社会主义文化市场。文化的市场化有利于我国扩大对外交流，有利于我们学习借鉴国外先进文化企业管理经验，也有利于我国的文化进一步"走出去"，扩大中华文化的影响力，占据国外的文化市场。我国在世界文化市场的份额远远不及发达国家，不仅欧美国家将我国远远地甩在了身后，就连日韩也大大领先我国，这与我国五千多年所积淀的文化资源是极其不相称的。文化市场的发展，有利于推动我国文化更好地"走出去"，扩大我国文化资源在世界市场上的感召力。

最后，有利于满足人民群众多样性文化生活需求。今天在人民生活总体上达到小康的条件下，对物质生活的基本需求已得到了相应的满足，而对精神文化生活则提出了新的更高要求，人们精神文化需求更加旺盛，需求总量越来越大，质量要求越来越高，这使得精神文化产品的生产与人民群众日益增长的精神文化的需求之间的矛盾越来越突出。文化产业的市场化能够生产出高质量的文化产品以满足人民的文化消费以及多样性文化生活需求，文化产业的市场化发展能够刺激人们的文化消费，愉悦人们的精神生活，激发人们的想象力，使人们获得含金量更高的幸福感。

三、全球化对坚定文化自信创造的机遇

首先，有利于与时俱进地批判中华文化中的糟粕。习近平总书记指出："中华文化积淀着中华民族最深沉的精神追求，包含着中华民族最根本的精神基因，代表着中华民族独特的精神标识，是中华民族生生不

息、发展壮大的丰厚滋养。"中华文化博大精深、源远流长，无论是国家民族立场上的统一意识，还是治国理念上的民本要求、伦理关系处理上的仁义主张、事业追求态度上的自强精神、个人理想追求上的"修齐治平"，都是中华文化的精华，也是我们最为宝贵的精神财富。但水流千里卷泥渣，中华文化中也有与时代精神不相符的糟粕。比如愚忠愚孝、不讲原则、君君臣臣父父子子、等级观念和宗法观念、欠缺独立的思考能力、随波逐流、缺乏求知与竞争精神、缺少对科学精神的追求等等，对我们的社会主义现代化建设产生了极其消极的影响，也十分不利于中华民族的伟大复兴。全球化的深入推进有利于打开中国人的视野，通过与西方文化的不断交流，以理性的态度来看待中华文明的不足，剔除中华传统文化中的糟粕，使中华传统文化更好地契合时代精神，使其在世界上散发出更加耀眼的光芒。

其次，有利于提升中华文化在世界的影响力。全球化下的文化交流不仅对中华民族学习西方的先进文化提供了良好的机遇，同时也有利于中华文化更好地走向世界，扩展文化发展空间，提升中华文化在世界的影响力。随着全球化的不断推进，中外文化交流热不断升温，中华文化在世界上越来越放射出应有的魅力。中国与许多国家相互举办了"国家年""文化年""艺术节"等各类大型文化交流活动，中华文化的优秀精华在世界上越来越得到更多人的认可。"一带一路"倡议推进了中国与沿线国家更加紧密地联系在一起，这有利于中华优秀文化在世界上更好地传播，消解一些西方国家对中国的猜忌和疑虑。同时，中华优秀文化中那永不过时的人文精神也有利于解决西方社会的顽疾，有利于国际社会对于中国道路、理论、制度、文化的认可。对此，需要按照习近平总书记所讲的要"着力打造融通中外的新概念新范畴新表述，讲好中国故事，传播好中国声音"，不断提升中华文化在世界的影响力。

最后，有利于吸收国外先进的文化。世界文化是一个万花筒，各国的文化都有着自己绚丽的色彩，在漫长的历史进程中，各个国家创造出了许多优秀的文化，每个国家的文化都有自己的优势，相互之间的学习借鉴是文化发展的条件。推动社会主义文化大发展大繁荣，需要积极吸收借鉴国外优秀文化成果。改革开放40多年的经验表明，要提高自身文化在国际上的竞争力，就必须吸收其他文化的优点，增强自身文化的包容力。全球化进程的不断深入，增加了世界上各个国家文化相互交流的机会，为我们更好地吸收西方国家先进的科学技术以及我国市场经济建设所需要的经营管理经验创造了有利的条件，同时能够更好地增强我国人民的法治意识、效率意识和市场意识。

第二节　新时代坚定文化自信面临的问题及挑战

探寻新时代坚定和增强文化自信的路径的重要前提是挖掘中国当前文化发展存在的实际问题，要从问题视角出发并采用抽丝剥茧的方式解锁影响文化自信的重要原因，通过研究我们发现，一方面，坚定文化自信面临着几点问题，一是文化自卑及文化自负心态的存在；二是"三种文化"发展的长期性问题；三是文化发展与个体需求满足间的差异；等等，这些是当前文化发展中要十分重视的关键性问题。另一方面，要清晰认识到当前文化发展面临的众多挑战，在极力规避风险中解决各种文化发展问题以及积极应对各种国内外文化挑战中更加坚定中国的文化自信。

一、新时代坚定文化自信面临的问题

一是文化自卑及文化自负心态的存在。新时代文化自信的提出，一方面体现为在国家现代化建设中，面对社会整体经济发展、国家综合实力提升以及中华民族伟大复兴的共同理想的实现，我们需要在国家发展的关键时期，用文化自信来凝聚人心，为人民对美好生活的追求提供精神源泉和力量支撑。另一方面，倡导文化自信是应对文化自卑心态的重要反馈。中华民族拥有五千多年灿烂的文明，中华优秀传统文化为我们提供了宝贵的精神财富。然而鸦片战争后，中国遭受西方帝国主义列强的侵略，文化发展也同样受到西方帝国主义霸权文化的压迫和苛虐，在"三千年未有之大变局"形势下，中国本民族文化遭受外来文化的冲击。在学习借鉴西方文化过程中，难免出现一部分人盲目崇拜西方文化的现象，尤其是改革开放以后，随着市场经济迅速发展，部分人在追逐经济利益过程中出现信奉"拜金主义""自由主义"等资本主义文化，这对中国人民群众的价值观念和思想诉求产生着不容小觑的影响。因此，我国文化在汲取西方文化有益成分促进自身发展过程中一定要注意防范西方文化对中国文化的冲击和不利影响。中国特色社会主义文化要始终以马克思主义为指导并结合中华民族本身的优秀传统文化以及吸收借鉴西方资本主义文化的精华中实现全面性发展。在整个文化发展中，如何有效摆脱文化自卑的心态，真正实现本国人民的民族文化自觉认同，实现文化自信还需要认真考究。

中国文化在发展中要警惕文化自负的影响。在新时代，我国文化发展主张文化自信，文化自信是我国文化发展过程中面对内外文化发展机遇与挑战所持有的一种平衡有度的心态。文化自负是与文化自卑相对立的一种心态。我们强调要有自信心来发展现代性文化，但切记"过犹不及"，要有所甄别地汲取国外文化中有益成分为我所用，尤其是在文化发展中不能一味抵触甚至排斥外来文化。例如，流行在部分群体中的"中国文化救世论"便是一种自负心态的文化观，这种理论夸大和追捧本国文化，强调本土文化的普世性，这种论调若不加以防范和制止，会被诋毁我国文化的国内外不良分子所利用，从而对我国文化发展造成不良后果。因此，党和国家要长期关注和警惕文化自卑和文化自负这两种文化心态对文化建设的不利影响。

二是三种文化融合发展的长期性。要消灭一个民族，首先瓦解它的文化。文化是民族生存能力的重要衡量标准，关系到民族的兴盛与衰亡。在中国特色社会主义文化发展中，马克思主义文化、中华优秀传统文化和西方资本主义文化三种文化呈现出整体融合发展的局面。概而言之，文化发展带有阶级属性，同时具有意识形态独立性。一个国家的稳定发展必然要有占主导地位的主流文化，在主流文化基础上推进社会文化实现百家齐鸣状态，这样才能使国家文化呈现繁荣景象，从而促进国家国力提升、人民生活幸福。我们坚定地以马克思主义为主导，并坚持文化的社会主义发展方向为文化"主心骨"，但是中华优秀传统文化依旧为我们现代文化发展提供着源源不断的"血液"，而西方文化的精华为我们文化的发展提供着保持活力和斗志的"营养"。自改革开放以来至今，三种文化的交融一直存在于我国文化建设之中，依然呈现出强大的生命力。然而，文化发展一方面依赖于经济发展为其提供物质保障，与此同时，文化的相对独立性也让文化发展呈现历史长期性。在三种文化交融汇合的过程中，文化间能否保持相对平衡的合力发展态势，能否一直在较为平衡的比例和状态中相互促进以及能否在历史长河中不变质等等问题都需要历史实践的检验。因此，要想实现中国文化建设的可延续性，需要坚定不移地坚持主流文化——中国特色社会主义文化的前进方向，同时，有所选择地吸取中华优秀传统文化和西方文化中的精华，并根据时代要求以及历史发展趋势，清楚分析社会主义文化与中华优秀传统文化以及西方文化精华间的关系，分清主次，辩证看待和发展三种文化，实现三种文化的融合互助性发展。

三是文化发展与个体需求间满足的差异。文化的发展最终是要满足人民群众的需求，即实现人民自身对文化的生活需要。《共产党宣言》中指出，共产主义社会将要达到的是每个人的自由发展是一切人的自由发展的条件。因此，我们就要弄清楚，文化发展中普遍性与特殊性以及集体主义与个人利益满足间的关系。"因此，人是一个特殊的个体，并且正是他的特殊性使他成为一个个体，成为一个现实的、单个的社会存在物，同样，他也是总体，观念的总体，被思考和被感知的社会的自为的主体存在，正如他在现实中即作为对社会存在的直观和现实享受而存在，又作为人的生命表现的总体存在一样"。①人作为劳动的社会人，是创造社会意识的主体存在，也是相对独立性的实践个体，人具有自然人和社会人的双重身份，因而对他所创造的社会意识形态具有相对直观的感受，因此，文化作为基于人的生产劳动基础上的观念意识产物，必然反映在每个人的个体性需求上来。那么，对于文化发展，怎样聚焦于满足人的需要，更为直接地满足个体的自由发展，这值得深思和考量。在新时代，人民对美好生活的向往涵盖了对文化发展的多样化需求以及对思想、价值、观念的多元化认知，因此，要真实了解新时代人民的文化诉求以及国民发展整体素质要求，在坚持集体主义普遍性文化教育的基础上切实解答个体的人对于思想、价值、观念层面的相关问题和疑惑，这是新时代我国文化发展中的重要关注点和切入点。

二、新时代坚定文化自信所面临的挑战

（一）互联网的发展对坚定文化自信带来的挑战

首先，网络冲击了民族文化的认同感。任何文化都是民族的，都带有鲜明的民族色彩，中国的文化是由中华民族共同创造的，同样也具有鲜明的民族性。网络的出现加速了全球化的进程，打破了传统国家的概念，弱化了民族国家的文化主权，淡化了民众的爱国情感，消解了民族文化的独特性②。随着网络化进程的不断深入，网络越来越淡化了人们对本国文化的归属感和认同感，对国家和民族的传统的忠诚都已经被虚拟的世界所取代。西方的文化通过网络的传播影响了我国人民的价值观念与思维方式，甚至在现实中导致了许多青少年对西方文化的认同高于对本民族文化的认同；在文化领域向我国倾销、灌输西方资本主义的价值观念，将自己的生活方式、信仰、价值观、行为规范宣传为最好的，大肆推销自己的生活方式、道德标准、宗教传统等，这消解了许多中国

---

① 马克思恩格斯文集[M]. 成都：四川民族出版社，2020.
② 马丽萍. 新时代互联网视域下文化自信的挑战分析[J]. 品位·经典，2023（10）：60-63.

人对本民族文化的认同感。同时，网络社会的虚拟化与前所未有的开放度使个体在自由的网络环境下成为高度支配自我意识的主体，弱化了自身的集体归属感，个体价值的自我认知得到了以往传播媒介下难以想象的彰显。

其次，冲击着我国的文化安全。西方国家凭借着其先进的网络技术对发展中国家维护自身的文化安全提出了巨大的挑战。在西方不断借助网络媒体传播其价值观形势下，如何保持本国的政治独立、文化安全就已经成为世界上广大发展中国家面临的新问题，此外，过去人们是被动地接受信息的受众，尽管有选择何种信息的自由性，但无法利用媒介主动传播个人信息，而现在，网络上任何一个用户都可以成为信息的发布者。这对维护国家的文化安全也造成了一定的挑战。网上西方媒体所报道的新闻存在着大量虚假、歪曲的报道，不断冲击着我国的文化安全，消解着我国人民的文化自信。

最后，冲击着社会主义的理想信念。互联网在中国的迅速发展，使西方的思想、价值观、道德观自由而又迅速地传播。同历史上传教士对西方价值观的传播相比，互联网更具有传播的隐蔽性与时效性，使我国传统的文化、道德准则和价值观念在现实中受到强烈冲击，我国人民的社会主义信念也比以往受到了更加严重的动摇。以美国为首的西方国家利用其互联网的信息优势，用西方的"人权""民主""自由"等价值观念对我国进行价值观上的渗透，尤其是在移动互联网新时代下，许多所谓的公知打着所谓"普世价值观"的大旗，散布西方资本主义价值观，他们抹黑邱少云、黄继光、董存瑞、雷锋等先烈的英雄事迹，歪曲国史、党史，对消解人民群众的社会主义理想信念起了推波助澜的作用。

（二）社会主义市场经济对坚定文化自信带来的挑战

首先，严重冲击着我国的文化产业与文化市场。市场经济具有自发性、盲目性等缺陷，市场的参与主体追求的就是利益的最大化，文化发展中哪个产业的经济效益最大，这个产业就能够吸引大量的资金、人才、技术等资源，这个产业就具有最大的发展潜力。但是市场在资源配置中起决定性的作用可能会带来大量的问题，经济效益最好的产业却有可能是最落后的产业，市场调控的滞后性很有可能导致某些文化产业需求的饱和。与此同时，其他的一些文化产业却面临消费不足的境地。同西方发达国家相比，我国文化产业的结构还不合理，整体发展的水平还不高，对外竞争力也不高，尤其文化市场的一些法律法规还不健全，随着全球化的不断推进以及我国文化市场对外开放程度的不断加深，外来文化不断严重冲击着我国的文化产业与文化市场，这就使得西方文化企业、文化资本、文化产业汹涌而入我国的文化市场，对民族文化产业的发展壮大造成了严重的阻碍。

其次，破坏了我国历史文化资源与自然环境。我国传统文化源远流长、绵延不绝，是中华民族的精神血脉与最宝贵的精神财富，五千多年的历史为我们留下了丰富的历史文化资源，这些历史文化资源具有不可再生的特点，是最应该保护与珍视的文化遗产。但是在经济利益的诱惑面前，许多地区纷纷不遗余力挖掘自己的文化资源，由于创意不足和观念上存在缺陷，缺乏先进的生产技术手段，生产出来的产品大多属于附加值比较低的产品，带来的实际经济效益非常小，这种粗放的开发利用在一定程度上浪费埋没了很多市场潜质极高的文化资源，并且很有可能使之失去再度开发的机会。一些极富历史文化资源的重要名胜，在旅游开发中遭受严重破坏，甚至有文物古迹遭到"保护性拆迁"。在文化产业发展热潮的刺激下，有些政府部门丧失了应有的清醒，在文化资源没有得到全面盘点与评估的时候就作出了许多不切实际的规划，这些规划的实施在很大程度上破坏了我国宝贵的历史文化资源。

（三）全球化对坚定文化自信带来的挑战

首先，加剧民族文化同质化的趋势。随着全球化进程的不断加深，各民族在文化生产上的规则越来越标准化，在文化运行机制上也越来越类似。标准化的生产流程的出现也批量化地、标准化地创造了千篇一律的商品，加速了民族文化的同质化。西方国家在现实中极尽所能地推动着文化朝着同质化的方向发展，在全球范围内不断吹捧着西方的文化和价值观，这对我国的民族文化产生了强烈的冲击，影响了我国独特的社会、政治、法律等文化价值观，在民族文化加剧同质化的趋势下，一些人越来越数典忘祖，崇拜西方的生活方式，鄙弃中国的传统文化，这就对坚定文化自信、建设社会主义文化强国产生了消极的影响。

其次，冲击着我国的主流价值观。全球化的持续推进使得我国的文化环境错综复杂、多元并存，自由主义、保守主义、民主社会主义、西方新社会运动、社会民主主义、存在主义、结构主义等各种思潮在中国思想领域竞相登场，以美国为首的发达国家在向我们输出资本和高新技术的同时，也输出了其社会制度、价值观念等意识形态。现实中多元的社会思潮，特别是以美国为代表的西方资本主义思想对我国以社会主义、爱国主义、集体主义为核心的主流意识形态造成了强烈的冲击，导致了民族虚无主义泛滥，民族自豪感、自信心丧失，享乐主义、拜金主义和极端个人主义大行其道，许多人对传统文化和社会主义先进文化的认同不断降低，甚至迷失了自己的信仰，而对西方文化顶礼膜拜。

最后，加剧了西方国家的文化扩张。在全球化的历史进程中，西方国家凭借着强大的经济、政治和军事实力，把他们的文化价值观的触角伸向了世界的各个角落，在全球到处宣扬其所谓的普世价值观，他们通过制定和实施有目的、有计划的文化战略不惜一切代价地推行对外文化扩张政策。西方文化的扩张还冲击着我国社会主义制度安全。苏联"红旗落地"以后，以美国为首的西方资本主义国家将中国视为实现资本主义制度一统天下的眼中钉与肉中刺，打着自由、人权等旗帜，企图利用文化产业与文化传播等优势对我国发动"无硝烟的战争"，这对社会主义现代化强国建设产生了不利的影响。

党的十九大报告提出："文化兴国运兴，文化强民族强。没有高度的文化自信，没有文化的繁荣兴盛，就没有中华民族的伟大复兴。"党的十八大以来，在以习近平同志为核心的党中央的坚强领导下，破旧立新，中国社会已经进入了中国特色社会主义新时代。在全面建成小康社会的决胜阶段，要顺利实现中华民族的伟大复兴，就需要我们保持清醒的头脑，明晰中国特色社会主义新时代下坚定文化自信所面对的机遇与挑战。只有这样，我们才能在改革开放的新征途中，扎扎实实地推进社会主义现代化建设，在伟大的社会实践中推动社会主义文化强国建设，以更为坚定的文化自信迎接中华民族伟大复兴的到来。

第七章　新时代坚定文化自信的主要路径

　　文化自信始终是一个政党、一个国家甚至一个民族对自身文化内涵和文化发展最为坚定的信心，是在世界多元文化共存情境下对自身文化的充分认可和认真践行。在新时代，我国前进道路并不是一帆风顺的，总会面临一系列困难和挑战，因此，我们在推进社会主义现代化发展过程中，要始终发挥独立自主、自立自强的精神，始终以马克思主义为指导坚持中国的道路自信、在守正创新基础上坚持理论自信、在推进治理体系和治理能力现代化过程中坚持制度自信，最重要且最根本的还要倡导中国文化自信。概而言之，坚定文化自信要做到：首先，坚持党的领导、核心价值体系、以人民为中心并坚持文化多元和包容等基本原则并牢牢掌握党对先进文化的领导权；其次，以社会主义核心价值观推动文化建设，还要加强新时代文化自信的"硬件"建设；再次，创新性发展和不断丰富文化产业，持续性坚持新时代文化的"改革与开放"；最后，借助新媒体向世界传播中国文化力量。这些促进文化发展全面性且具体性的路径一定程度上巩固了党和国家文化领导力、提升了社会文化感召力、增强了民族文化凝聚力，进一步彰显中国文化自信心。

第一节　新时代文化自信应坚持的基本原则

新时代文化自信的实践路径建设是一个庞大的系统工程，建设过程中坚持何种基本原则是需要深思熟虑的，实现坚持中国共产党的领导、坚持社会主义核心价值体系、以人民为中心和"以文化人的原则"以及文化多元、文化平等和文化包容原则有机结合，为新时代文化自信路径的规范构建提供必要的原则支撑①。

一、坚持中国共产党的领导

第一，中国共产党作为中国特色社会主义坚强的领导核心。中国特色社会主义进入新时代，这个时代将迎来实现中华民族伟大复兴的光明前景，中国共产党一经成立就把实现共产主义作为党的最高理想和终极目标，带领广大中国人民推翻压在中国人民头上的帝国主义、封建主义和官僚资本主义三座大山，团结人民历经千辛万苦形成适合中国国情的中国特色社会主义道路，认识到实现中华民族伟大复兴中国梦，建立符合我国实际的社会制度是必不可少的一环。因此坚持中国共产党的领导为新时代文化自信的形成、发展与进步奠定坚实的基础。

第二，中国共产党的领导是中国特色社会主义最本质的特征。我国社会主要矛盾已经转化为人民日益增长的美好生活需要和不平衡不充分的发展之间的矛盾，这表明我国已经不仅仅是停留在物质层面，对精神文化的需求逐渐提高，构建中国特色社会主义文化体系必须坚持中国共产党的领导，因为中国共产党的奋斗目标与中国特色社会主义文化的发展方向高度一致，为实现新时代文化自信提供了庞大的政治优势。只有坚持中国共产党的领导才能为中国特色社会主义文化的发展指明正确的方向，为中国特色社会主义文化自信的进一步发展与完善提供强有力的政治保证。

---

①刘艳. 新时代文化自信的实践路径研究[D]. 长春：吉林财经大学，2019.

由此可见，新时代中国特色社会主义文化自信的发展要坚持中国共产党的领导，激励全体中华儿女不断奋进，更加彰显文化自信，推动国家文化软实力和中华文化影响力不断提升。

二、坚持社会主义核心价值体系

社会主义核心价值体系作为文化发展的总方向且统领文化建设，因此，坚持社会主义核心价值体系为增强中国特色社会主义文化自信，更好地构筑中国精神、中国价值、中国力量提供源源不断的精神指引。坚持社会主义核心价值体系需要做到以下几点：

第一，要坚持马克思主义指导思想，牢固树立共产主义远大理想和中国特色社会主义共同理想。党的十八大以来，以习近平同志为核心的党中央高度重视发挥理想信念教育的重要作用，强调要时刻坚持马克思主义指导思想，让广大中国人民树立中国特色社会主义共同理想和共产主义远大理想，只有这样，才能更好地筑牢信仰之基、补足精神之钙，凝聚中国力量、弘扬中国精神。

第二，要培育和践行社会主义核心价值观。社会主义核心价值观作为社会主义核心价值体系的内核，是社会主义核心价值体系的高度凝练和集中表达。坚持社会主义核心价值体系必须培育和践行社会主义核心价值观，社会主义核心价值观包括理想、精神、道德规范等，为人们的思想引导和社会思潮的发展奠定基础。新时代培育和践行社会主义核心价值观要把"培养担当民族复兴大任的时代新人"作为出发点和落脚点，积极宣扬健康的主流价值观，扩大主流价值观念的影响力，提高国家文化软实力。

第三，要繁荣发展社会主义文艺。习近平总书记指出："社会主义文艺是人民的文艺，必须坚持以人民为中心的创作导向。"社会主义文艺作为一项铸造灵魂的重要工程，其创作出来的文艺作品一定是紧紧围绕现实社会，反映当今社会的时代价值，因此，发展文艺事业、创造文艺作品一定要起到陶冶情操、净化心灵、铸魂育人的作用，为新时代坚持和发展中国特色社会主义文化凝神聚力。

三、坚持以人民为中心和"以文化人"的原则

一是坚持始终以人民为中心的原则。"不忘初心、牢记使命"这句话是党的十九大报告的开篇之语，也是贯穿其全文的灵魂之所在。中国共产党人的初心和使命就是为中国人民谋幸福、为中华民族谋复兴。以人民为中心的问题至关重要，文化自信作为一个国家和民族复兴的推动力量，而人民是发展成果共享的主体对象，因此在中国特色社会主义文化建设进程中也要贯彻落实"以人民为中心"的原则。在推进文化建设时要尊重人民的主体性地位，尊重人民用自己劳动创造出的优异成果，保障人民的文化权益，时刻不忘我国社会主要矛盾的转化，满足人民的精神文化需求，从而不断满足人民对美好生活向往的需求，更好地促进人民自由而全面发展。在服务人民群众的过程中，使人民群众能够共享文化发展的成果，进而发掘思想智慧，提出真知灼见，丰富人类的精神世界。

二是坚持"以文化人"的原则。习近平总书记指出："古往今来，中华民族之所以在世界有地位、有影响，不是靠穷兵黩武，不是靠对外扩张，而是靠中华文化的强大感召力和吸引力。我们的先人早就认识到'远人不服，则修文德以来之'的道理。"随意使用武力，不断发动侵略战争，对外搞扩张来征服别人，这是野蛮人的行为，对于中国人来讲，如果远方之人呈现出不服从、不归顺的状态的话，那就加强文德教化，不断地以文化人、以德服人来让他人心服口服、心悦诚服。中国可以称得上是"文化中国"，以文明与文化立己达人。至今为止，孔子学院的开办已经近20载，意味着中华文化走出去取得了良好的效果，中华文化之花在孔子学院建设以及其他实践过程中逐渐开遍全世界。

习近平总书记在2014年12月31日《全国政协新年茶话会上的讲话》中指出，"人心是最大的政治"，深刻阐明人心的重要作用。人民群众作为新时代文化自信发展的动力源泉，坚持以人民为中心就是坚持文化发展由人民共享，文化自信发展的最高目标即为满足人民群众日益增长的

精神文化需求，在进行文化自信的建设工程中要时刻不忘人民群众，要务必让人民群众真正感受到给他们带来的实实在在的生活质量的提高，真正达到文化自信工程为了人民并且服务人民，发挥文化"以文化人"的功能。

四、坚持文化多元、文化平等和文化包容原则

首先，就坚持文化多元原则而言，《论语·子路》所载孔子的一句名言"和而不同"，生动形象地表明文化多元的含义就是一个国家和一个民族在社会发展的过程中，在继承本民族优秀文化的基础上不断兼收并蓄其他国家或民族的优秀文化成果，从而形成百花齐放、百家争鸣的和谐社会文化景象。文化多元化作为文化发展的态势，在新时代文化建设的过程中要坚持文化多元的原则，每一种文化按照本身的正确价值观念和标准相互融合，同时不断吸收来自异质文化的精华部分，促使自己不断完善与丰富。坚持文化多元原则要清醒认识到文化是一个动态的、开放的并且不断变化的结构，要想得到长远发展必须避免封闭的状态，要积极与外界先进文化进行融合，相互交流、相互作用。当然，多元文化在融合的过程中产生冲突也是在所难免的，文化在发展过程中要正视文化冲突，并且积极避免与解决这些冲突，吸收借鉴其他文化的有益部分，从而促使整个世界文化在各种文化的交流和发展中不断繁荣创新。

其次，就文化平等原则来说，一是注重现实主义交往规则。顾名思义，现实主义交往规则主要就是否定哪个国家主体地位高就可以制定规则，以及其他国家不管在何种方面都处于依附地位的情况。习近平总书记一直强调人类命运共同体，这就是一个文化平等重要性的传递，人们在交往的过程中要秉持平等互利、多样共存的"和文化"的相关原则。二是要协调好文化主体之间的关系。文化主体要认真履行自身职责，对文化的内涵、本质以及发展规律进行深刻的剖析，在继承本民族文化特色的进程中不断吸收其他国家民族的优秀文化成果，与全球性的文化开展交往。三是坚持文化平等原则中的理论与实践相结合。实践出真知，文化作为一种思维层面的外在表现，与人类自身的实践活动具有紧密的

关系。《管子·民》中的"仓廪实而知礼节，衣食足而知荣辱"，这句话也生动地表明物质载体的重要性。人类社会实践活动创造物质财富，也说明了文化事业在发展的过程中要依附于社会经济的快速发展。因此，政治共同体、经济共同体以及金融共同体等的构建在人类命运共同体的作用下取得了丰硕的成绩。

最后，就文化包容原则角度来说，我国文化以及世界文化都需要重视文化的包容性发展。一方面，缩小现代文化与传统文化之间的差距。如同经济发展一样，提倡先富带动后富，不断缩小收入差距，消除两极分化，文化发展领域的"优势叠加"效应表现得十分显著。任何事物都要讲究"度"，当现代文化与传统文化之间的阈值超过一定范围以后，就会出现现代文化发展极好，而传统文化发展极其落后的状态，逐渐演变为两极格局。因此文化发展要遵循经济发展领域的"反哺"做法，在发达的地区或者城市文化发展取得一定成绩后，一定要利用文化产业政策或者举办文化公益活动等措施反哺文化发展落后地区、传统文化。鼓励政府根据当地文化多样性的现实要求优先配置文化资源，为现代文化和传统文化之间的相互协调奠定基础。另一方面，建设包容性的文化发展平台。从世界的角度而言，尽管国家与地区之间存在着价值冲突，但是在人们内心深处是渴望世界人民心心相通，构建价值共识的，这就意味着国与国之间应求同存异，积极主动地遵循文化平等原则。建设包容性的文化发展平台，增强国家之间的文化互动与沟通。比如说建立国家级别的文化工作室，功能配置凸显国家文化特征，更好地满足人们对文化的需求。在文化产业园建设中，相关部门建设公共的多元文化平台，不断推动世界各国对中国文化的认识以及加深对包容原则的理解，促进新时代文化自信建设更加进步。

第二节　牢牢掌握中国共产党对文化的领导权

不谋全局不足以谋一域。在纷繁复杂的国内外文化形势下，党领导先进文化建设需要客观性看待先进文化并主观性促进先进文化实现自我批判性发展。党领导先进文化建设的形成和演进是一个系统性、整体性的过程，体现为在国家治理大局中宏观掌控文化发展要求，在细微处着手开展具体的文化工作。牢牢掌握中国共产党对先进文化的领导权就要做到坚持马克思主义意识形态指导地位；坚持党领导先进文化建设的正确政治方向以及党领导先进文化的舆论传播方向。

一、坚持马克思主义意识形态指导地位

意识形态工作是党的一项极端重要的工作。"根本的问题是制度问题，制度决定一个国家走什么方向。……社会制度变了，这个国家走的方向就要随着改变"。[①]在国家文化发展中，马克思主义意识形态不坚定，便会造成民族文化、社会文化发展的迷茫，甚至导致社会主义国家的政治性颠覆。历史是最好的教科书，苏联解体很重要的原因是无法一以贯之地坚定马克思主义意识形态的主导地位，让资本主义有可乘之机。中国作为社会主义国家，要深刻认识到坚持马克思主义意识形态的重要性，在文化自信中始终坚定马克思主义意识形态的指导地位。

在人类社会历史进程中，意识形态随阶级的出现而产生，意识形态是统治阶级维护其统治的重要工具。意识形态一定程度上是统治阶级文化的核心和关键，某种程度上影响着统治阶级文化发展的最终走向。作为社会主义国家的中国，坚定文化自信即是在现代化道路发展中坚持正确的方向，牢牢掌握社会主义意识形态的主导地位。中国特色社会主义文化，首先是马克思主义文化，是在马克思主义立场、观点和方法基础

[①]逢先知，冯蕙，陈晋，等.毛泽东年谱（一九四九—一九七六）：第5卷[M].北京：中央文献出版社，2013.

上获得真理性发展，因此，要以马克思主义理论为指导理论，高举中国特色社会主义伟大旗帜。"共产党一分钟也不忽略教育工人尽可能明确地意识到资产阶级和无产阶级的敌对的对立"。①马克思恩格斯认为，在无产阶级革命时期，要时时刻刻加强对工人的无产阶级意识形态的教育。现如今，中国处在社会主义现代化建设重要时期，我们更要自觉坚持文化自信，掌握对社会主义意识形态的领导权，强化对中国人民的社会主义意识形态方面的文化、思想、道德教育，使马克思主义理论深入人们的生活，使中国特色社会主义文化逐渐融入人民心中。尤其是在互联网迅速发展以及信息共享的新时代，党和国家要不断利用新媒体等平台以及各种网络资源做好社会主义意识形态的宣传和教育，与此同时，党和国家还要充分利用互联网监管各种复杂文化思想的传播，拦截和抵御不良文化思想的渗透，实现对新闻舆论的实时掌控。即便当今世界依旧处于和平与发展的国际环境，但是以资本主义为阵营的一些西方国家从未放弃对社会主义国家的分化与瓦解，因此，作为社会主义国家的中国更应该提高警惕，自觉地将意识形态领导权掌握在自己手中，坚定不移地搞好社会主义现代化建设，在攻坚克难的战略机遇期和实现第二个百年目标的关键阶段，党和人民要更加坚定中国文化自信，以顽强拼搏的精神和自立自强的决心不断推动中国式现代化道路向前发展，早日实现中华民族伟大复兴。

二、党领导先进文化的正确政治方向

党领导先进文化制度建设的正确政治方向。党的领导贯穿中国特色社会主义制度建设的始终，是国家治理体系和治理能力的最大优势，指引现代化发展的正确方向。"完善党领导各项事业的具体制度，把党的领导落实到统筹推进'五位一体'总体布局、协调推进'四个全面'战略布局各方面。……把党的领导贯彻到党和国家所有机构履行职责全过

---

①马克思恩格斯文集[M].成都：四川民族出版社，2020.

程，推动各方面协调行动、增强合力"。①先进文化建设属于"五位一体"的组成部分，实现先进文化发展的聚合性和延续性，需要统一于党的领导，凝聚于党的文化指引之中。党领导先进文化制度建设必须始终以马克思主义意识形态为根本，保持国家文化发展战略的社会主义方向。"提出和阐释马克思主义在意识形态领域指导地位的根本制度，在中国特色社会主义制度发展史上，在中国特色社会主义文化发展史上，在中国共产党文化思想发展史上，都具有标志性的意义"。②以马克思主义意识形态为指导，是党领导先进文化制度建设的首要前提。党员领导干部要牢牢坚持马克思主义意识形态，时刻在思想上严格要求自己，谨记自己的领导使命和任务，在相关文化组织和机构中要强化自身领导责任，充分发挥自己的领导职能，以文化发展大局为重，使先进文化制度保持正确的政治性，沿着国家现代化建设的方向发展。

三、党领导先进文化的舆论传播方向

在新时代，不断涌现的科技浪潮助推全媒体发展。全媒体是社会网民表达精神诉求和参与文化创作的重要场域，更是先进文化宣传及落实的重要平台和阵地。关注和加强先进文化在媒体平台的建设，是在群众之中加快先进文化传播速度以及提升文化普及质量和效率的关键性举措。利用全媒体进行先进文化的推广，必须坚定党管媒体的原则。坚持中国共产党在媒体文化舆论中的领导力。一方面，创办及经营好官方媒体平台。官方媒体平台具有一定价值权威性，要加强官方媒体平台正能量宣传体制机制，正面传播主流价值观，积极引导社会正向发展；设立应急公关制度。面对公众关注的社会负面事件，坚持实事求是原则，第一时间给予正向引导和解答，提升群众对官媒的信任度。另一方面，监督管理好自媒体平台。网络不是法外之地，将党的领导与网络管理法制要求相结合，完善党的领导在舆情监督制度中的作用，推进媒体舆论体制的合法化、公正化、有序化发展。

① 中国共产党第十九届中央委员会第四次全体会议文件汇编[M]. 北京：人民出版社，2019.

② 肖剑南. 论坚持马克思主义在意识形态领域指导地位的根本制度[J]. 学术探索，2021（2）：21—27.

第三节　以社会主义核心价值观推进文化建设

在我国，社会主义核心价值观是党和国家传播主流意识形态的重要理念，是凝聚和团结全体人民力量的价值标识，更是推动我国社会主义文化建设的重要思想基础。因此，一方面，要实现社会主义核心价值观的有序引领，不断增强社会主义核心价值观的广泛群众基础；另一方面，增强教育主体和教育客体的社会主义核心价值观教育，持续强化社会主义核心价值观的制度支撑，进而实现促进我国文化教育并且涵养全体人民的良好效果。

一、实现社会主义核心价值观的有序引领

任何一种文化都有其独特的价值观，这种价值观是文化得以建立的价值支撑。美国学者斯特斯·林赛曾提出，文化价值观在人类进步的过程中影响深远，"因为它们影响人们对进步的想法"[1]。社会主义核心价值观凝聚着党领导人民实现社会主义现代化建设最深层次的价值要求，它反映着广大人民群众的精神意愿和对美好精神生活的向往。在人民群众中有效培育和践行社会主义核心观，能够在全民族形成统一的价值信仰，从而凝聚人民共识，推进中华民族文化的长远发展。在新时代强调社会主义核心价值观引领先进文化建设，是社会主义先进文化发展的重大突破，是塑造国民道德素养的有力举措，是将先进文化寓教于行的创新性发展。"把坚持社会主义核心价值观引领文化建设作为一项制度明确提出来，这是全党坚定文化自信和价值观自信的充分体现，也体现了中国共产党对社会主义文化建设规律的探索和认知到达一个新境界"[2]。因此，在先进文化建设中要注入社会主义核心价值观理念，在此价值观

---

[1] 塞缪尔·亨廷顿（Huntington, S. P.），劳伦斯·哈里森（Hamison, L. E.）. 文化的重要作用：价值观如何影响人类进步[M]. 北京：新华出版社，2010.

[2] 李丹，胡新峰. 高校坚持以社会主义核心价值观引领文化建设制度化研究[J]. 思想政治教育研究，2021（2）：30-34.

引领下，实现满足人民精神文化追求的愿景。

促进全民价值观的制度化引导。推进全民理想信念、集体主义、爱国主义等教育的制度化发展，使人民在价值观常态化引导下实现精神追求。实现党组织内部价值观的熏陶。在党员领导干部中提倡"四史"的学习和研究，加强党员领导干部的职业素养教育，设立相关工作培训机制，使党员干部在充分践行社会主义核心价值观基础上实现与人民的有效互动，服务人民。实现社会主义核心价值观法治化。"细化、强化社会主义核心价值观引领文化建设制度，推动宪定文化制度的价值构造优化完善……社会主义核心价值观已增加至宪法精神文明条款即第二十四条"。①社会主义核心价值观不能只停留在道德要求阶段。将以德治国与依法治国相结合的理念逐渐制度化、规范化，推动社会主义核心价值观的发展。在社会治理和国家治理中融入社会主义核心价值观，促进治理体系的便民化和治理能力的亲民化发展；在法律体系建设中注入社会主义核心价值观，引导法治建设的利民化发展。还要引导青年一代践行社会主义核心价值观。"广大青年既是追梦者，也是圆梦人。追梦需要激情和理想，圆梦需要奋斗和奉献"。②将社会主义核心价值观融入学校教育中，完善青少年理想信念教育的齐抓共管机制。

二、增强社会主义核心价值观的广泛群众基础

第一，增强社会主义核心价值观的大众认知度。一要提高最广大人民群众对核心价值观认知的广泛性。社会主义核心价值观作为全体人民共同的价值追求，不能仅有少数人知晓，否则就成为一种贵族文化，就不能发挥其应有的价值。相关部门要进行大众化宣传，让核心价值观念产生的影响力像空气一般无处不在，使得各行各业的人民群众都能对社会主义核心价值观的价值理念了然于心并且积极践行。二要提高人民群

---

①宁凯惠. 我国宪定文化制度的价值构造及其优化[J]. 湖北社会科学，2020（6）：117-128.

②习近平. 在北京大学师生座谈会上的讲话[J]. 共产党员（河北），2018（10）：1+4-7.

众对核心价值观认知的深刻性。众所周知，尽管社会主义核心价值观凝练为24个字，但是意义非凡，如何才能提高人民群众对其认知的深刻性，在进行宣传的过程中要学习习近平总书记的讲话精神，利用通俗化、大众化的语言传达最深刻的含义[①]。具体而言就是要因材施教，对待不同的人要用不同的群众语言来对社会主义核心价值观内容进行宣传，只有让最广大人民群众理解，并且产生共鸣，才能推动人们对核心价值理念更好地践行。

第二，提升社会主义核心价值观的大众认同度。社会主义核心价值观的认同度指的是个体或者群体对核心价值理念认同的一致程度。一是宣传工作者对社会主义核心价值观进行宣传的时候要准确提取出其内所蕴含的中国优秀传统道德，因为最广大人民群众认为对核心价值观的认同度与国家历史传承度呈现正相关的态势。社会主义核心价值观是结合中国优秀传统道德与西方优秀的道德文化理念，其内涵丰富，具有十分重要的作用，只有宣传到位，人们才会逐渐提升对其认知的深刻性。二是宣传社会主义核心价值观蕴含着崭新的时代特色。核心价值观作为改革开放以来中国优秀道德建设的结晶，在发展过程中不断进行创新性发展，体现了鲜明的时代特色，况且时代特色越明显越受人民群众的认同与喜爱。

第三，把社会主义核心价值观外化为大众的自觉行动。激发最广大人民群众接受社会主义核心价值观由外在牵引向内在驱动转变，促使其形成科学的价值标准，进而外化为自身的实践活动。一是树立崇德、尚德的社会风气，只有社会大环境积极健康，才能为最广大人民群众具备正确价值理念奠定基础。实现由跟着学习、跟着实践转变为积极主动地去学习、去实践。二是形成道德意识和道德责任，一些地区缺乏德治的社会风气依旧存在，在这种情况下就要出台相关文件政策来制止不良的社会风气。不可否认社会主义核心价值观的践行离不开引领，但是更重

---

①曹劲松.文化自信：把握习近平文化思想的价值内核[J].南京社会科学，2023（11）：1-9.

要的还是依靠最广大人民群众的积极参与、自觉践行，才能构建良好的道德社会。

三、加强教育主客体的社会主义核心价值观培育

社会主义核心价值观要在师生群体中得到广泛宣传和教育。无论是作为教育主体的教师还是作为教育客体的学生，都应积极了解和学习中国文化，重视社会主义核心价值的培育，尤其是思想政治教育的主客体间，更要强化社会主义核心价值观教育。一是加深思政教育客体即学生对中国传统文化的理解。中国是有着五千多年悠久文明史的国度，当今中国人所持有的内在价值观和所表现出来的外在民族性格都可以从中国文明发展史中找到渊源。作为思政教育主体的教师自身要先深刻理解本民族的文化，即掌握中华优秀传统文化的理论知识，在学生面对中国文化较为疑惑、不理解甚至不认同传统文化过程中，思政教师要能够做到心平气和地为学生讲解清楚，在有充足的文化知识基础下更有自信更有底气地向学生宣扬和传递中华优秀传统文化，与此同时，将传统文化同社会主义核心价值观相结合，更好地实现对学生的价值观教育。二是思政教育主体要提高自我认知。虽然每个民族的文化都有共性，但民族内部成员相差各异，因此，具体到每个人身上，文化对个体人的发展所起的作用各不相同。作为个体的人要先对自身有清晰认知，了解自身发展的优势和格局，才能在中国先进文化体验中扬长避短，有效选择有利于自身发展的文化精华，在文化涵养中不断成长。作为思政教育主体的教师，要想发挥好自身在社会主义核心价值观教育中的主导作用，就需要加深对自己的认知和了解，深入探究自己在思政教育工作中的兴趣所在，清楚认识到自身在思想政治教育授课以及思想政治教育理论研究中的倾向性和积极作用，选择更能激发自己工作动力的方式方法，在坚持社会主义核心价值观培育原则基础之上要形成自身的思想政治教育研究和思想政治教育教学风格，这样才能在思政教育工作中激发自己的工作动力，有效地将社会主义核心价值观传授给学生。

四、强化社会主义核心价值观培育的制度支撑

培育和践行社会主义核心价值观重在制度建设，贵在建立长效机制，只有保证社会主义核心价值观的常态化和制度化建设，为社会主义核心价值观的培育奠定基础，才能助推新时代文化自信的良性发展。

第一，要加强核心价值观培育的组织保障。各个部门首先要认识到社会主义核心价值观的重要性，并且及时成立领导小组，做好顶层设计，细化岗位职责的分配，促进社会主义核心价值观融入政治、经济、文化、社会、生态建设的过程中。与此同时，建立健全领导机制和工作体制，在系统的监管与运行下使得社会主义核心价值观能够更加科学化，提高其实效性。

第二，切实提高核心价值观培育的舆论保障。思想是行动的先导，要牢牢掌握意识形态的领导权、主动权和话语权。在中国特色社会主义进入新时代的今天，舆论作用更加突出，这就要求我们一定要占领宣传阵地，坚持正确的舆论导向。要加强对社会主义核心价值观的理论内涵以及价值导向进行更深层次的引导与宣传教育，竭尽全力让其正确的价值理念内化于心外化于行，进而促使最广大人民群众积极主动地践行社会主义核心价值观。相关部门不断加强对社会思潮的最新分析与研究，对社会热点问题进行正面的引导，严格学校各种社团、讲座、论坛、研讨会、报告会的管理，形成健康向上的主流思想舆论。

第三，建立健全核心价值观培育的制度保障。众所周知，制度具有两个明显的特性即稳定性和长期性，这两个特性也就决定了培育和践行社会主义核心价值观拥有制度保障的话，也就意味着其发展更加长远与根本。建立健全核心价值观培育的制度保障，能够推动核心价值观培育工作的制度化、规范化和有序化。如落实《关于培育和践行社会主义核心价值观的意见》等相关制度，确保培育和践行社会主义核心价值观有章可循、有法可依。在不断的探索实践中实现价值观建设与制度建设协调与发展，为社会主义核心价值观的培育与践行提供稳定、良好的发展环境。

第四节　加强新时代文化自信的硬件建设

加强新时代文化自信的硬件建设需要不断形成强大的理论工作的"四大平台"建设、完善文化管理体制和文化生产经营机制以及加快推动现代文化事业和文化产业发展，在此基础上不断推动文化自信走向"强起来"。

一、完善强大的理论工作"四大平台"建设

"四大平台"建设包括马克思主义理论研究与建设工程、中国特色社会主义理论体系研究中心、马克思主义学院、报刊网络理论宣传阵地。深入推进"四大平台"建设的多层次、宽领域特点，充分发挥其宣传作用，为新时代文化硬件建设奠定基础。

首先，加强马克思主义理论研究和建设工程。一是培养一批马克思主义理论研究与建设工程的专家队伍。中国一直强调人才强国战略，人才充分发挥自身潜力，才能为社会作贡献，中国要以各高校、科研机构，各级党委、政府作为依托，积极培养大批具备较强科研能力的专家学者，以他们的聪明智慧助推马克思主义理论研究和建设工程的进步。二是要站在世界马克思主义理论研究的视野开展中国的马克思主义理论研究和建设工程。站得高看得远，我们必须有大格局和包容性原则，积极吸收来自世界不同的优秀成果，才能不断更新发展理念、创新发展思路，促进马克思主义理论研究和建设工程更上一层楼。三是立足我国社会主义建设实践。任何理论研究成果的进步与发展都不能脱离本国的基本国情，中国特色社会主义进入新时代，新思想、新征程就要有新行动，与时俱进更好地推动马克思主义理论研究与建设工程的发展。

其次，充分发挥中国特色社会主义理论体系研究中心的作用。伴随着党的十九大胜利召开，中国特色社会主义进入新时代，中国特色社会

主义理论体系也不断丰富发展，全国各地党校、教育部、社会科学院以及各高校等相继成立中国特色社会主义理论体系研究中心。要充分发挥中国特色社会主义理论体系的重要作用，把学习和宣传中国特色社会主义理论作为首要任务，用中国理论回答中国问题，用中国的话语解读中国道路，真实有效地解决社会发展各领域的重点问题。用中国话语占领思想理论阵地，把党的理论和思想积极宣传出去，大力推进马克思主义中国化。面对新形势，要综合全国各地中国特色社会主义理论体系研究中心的研究成果，不断进行归纳整理、分析学习借鉴，结合中国特色社会主义实践，不断推进理论创新，为新时代文化事业建设提供助推力。

再次，强化马克思主义学院对理论人才培养的助推力。一是各高校党委要高度重视马克思主义学院建设与发展。对于马克思主义学院开展的形势与政策、思想道德修养与法律基础、毛泽东思想与中国特色社会主义理论体系概论、马克思主义基本原理概论等课程，教育部加大对其相关教师的精品课程培训，提升其课程教学的实效性，从学校整体布局出发，把马克思主义理论学科纳入学校重点学科建设的规划中去，切实提高该学科的重要地位。二是确立明确的合格人才建设目标。马克思主义理论的研究要体现出科研的深度与高度，具备浓厚的学术气息，分析问题时要体现出马克思主义理论中的独特视角，敢于突破藩篱、敢于创新。三是加强师资队伍建设。习近平总书记强调："办好思想政治理论课关键在教师，关键在发挥教师的积极性、主动性、创造性。"教育部要高度重视马克思主义学院师资队伍建设模块，协助各高校积极聘请名师名导、专家学者等，强化马克思主义学院师资队伍的发展与进步，注重改进思想政治理论课教学方法，推进"思政课程"向"课程思政"的转化，切实提升思想政治理论课教学的亲和力和针对性，积极为学生埋下真善美的种子，引导学生扣好人生第一粒扣子。

最后，充分发挥报刊网络理论宣传阵地对文化理论宣传的重要作用。伴随科技进步，人们已经步入信息时代，报刊网络理论宣传的影响力逐渐上升。一是把马克思主义基本理论以及党的理论创新成果以电子网络信息化的方式让最广大人民群众在任何形式下都能十分便利地共享基本理论知识，了解我国的基本方针政策，让自己的知识面更加丰富，同时也为自己更好地发展提供一定的努力方向。二是扩大报刊网络的覆盖率。首先需要做的是强化科技支撑力，尽快实现网络全覆盖，让人们能够安心用网，省时省力才能扩大群众对报刊网络的使用率，使得马克思主义基本理论以及党的方针政策迅速传播到最广大人民群众的内心深处，为中国特色社会主义文化事业的发展奠定坚实的基础条件。

二、完善文化管理体制和文化生产经营机制

当前我国文化体制方面存在很多亟待解决的问题，为保证我国社会主义文化能够进一步繁荣昌盛，加强新时代文化自信建设，必须加快文化体制改革，不断完善文化管理体制和文化生产经营机制[①]。

第一，要完善文化管理体制机制。顾名思义，文化管理体制就是要加强党对文化的管理，具体包括管理文化导向、管理文化资产、管理文化网络等，不断提高党对文化管理的能力和科学化水平。一是明确党政分工，促使文化行政主管部门协调好与其他组织的关系。推动政企分开与管办分离进程，对于相关部门逐步实现由包办文化向有效管理文化局面的良性转变，建立健全科学的文化管理运行机制。二是加大对文化市场监管力度。相关部门加强对文化市场运行的监管，打击一切违法犯罪行为，进一步维护文化市场运行的有序性，同时运用行政、法律手段为文化产业的发展营造良好的环境基础。三是加快政府职能的转变。文化管理体制机制要遵循"精简、统一、效能"的运行原则，不断对文化管理部门进行整合优化，建立健全相关的文化管理机构，不断提高政府对文化产业的管理职能。

第二，要完善文化生产经营机制。文化生产经营机制就是根据市场的需求进行文化产品的创作、生产、流通和销售机制。一是强化文化资源的发掘力度。文化资源是文化产品的价值生成的源头，分析文化产品

---

①孟维星.我国文化体制改革问题研究[D].哈尔滨：黑龙江大学，2020.

受大众喜欢的原因可知，产品内所蕴含的文化底蕴是人们判断产品优劣的主要原因，而文化底蕴就要追溯到文化资源，因此要强化对文化资源的发掘和整合。二是对文化产品进行创意设计。文化符号单调且缺乏活力，对文化产品通过文化符号的内涵对其进行编排合理故事情节，更加生动形象地展现文化产品所蕴含的深层次的文化底蕴，使其具有感染力与吸引力。此外，结合人们精神文化需求对文化元素进行解构与重组，将新工艺与新材料以及目前流行的风格进行搭配重组，打造受广大人民群众所喜爱的文化产品，不断完善文化生产经营机制。

第五节　创新性发展和不断丰富文化产业

在新时代，从不断优化先进文化制度以不断创造社会效益、创新性推动先进文化体制机制改革、加强博物馆建设等相关文化产业发展三个方面促进文化产业的创新性发展，助推社会主义先进文化建设，进而以这些实际行动增强国家和人民文化自信的底气。

一、优化文化制度，推动先进文化创造社会效益

人民是否认同是检验文化是否合格的重要标准。检验文化是否有效，看此文化发展是否有利于国家发展，是否为人民所适用、为人民所认同。先进文化要为群众接受和认同，就要经受人民的检验。先进文化发展最终目的是要创造社会效益，满足人民需求。文化发展具有伦理创新性功能，要满足大众伦理道德要求。这种伦理功能是对文化发展中不公平、不公正等现象的调整和更改，最终促使文化发展在制度调整下符合人民需要。在新时代，文化体制改革中依然存在问题，要满足人民的精神文化需要应高度重视文化体制中存在的问题，针对问题找寻最优解。"新时代，制约文化繁荣发展的体制性障碍和结构性问题仍然存在。满足人民对美好文化生活的新期待，仍然要通过文化体制改革，进一步解

放和发展文化生产力"。①在新时代满足人民精神文化需求，做到健全人民文化权益保障制度。中国共产党领导文化制度建设中要始终以人民利益为出发点。党员领导干部在领导文艺工作开展过程中，始终以人民为根本，号召文艺工作者在创造文艺作品时要充分立足人民生活，能够启迪人民，引发人民共鸣。"坚持以人民为中心的工作导向，完善文化产品创作生产传播的引导激励机制，推出更多群众喜爱的文化精品"。②中国共产党领导先进文化制度中要完善城乡公共文化制度体系。在国家治理体系中，城乡治理成为国家治理的关键一环。城乡区域文化建设是推动城乡区域发展的重要举措。在城乡区域文化建设中，要优化城乡文化资源配置。因此，党政领导干部带头组织和提供基础文化资源，将基层文化工程推行下去，扩大文化惠民力度。健全支持群众性文化活动的体制机制。党员领导干部要鼓励和引导城乡群众学习先进文化，使他们自主接纳先进文化的熏陶，参与公共文化服务，进而实现人们自发创新和自主创造城乡文化。

二、创新性推动先进文化产业的体制改革

"文化体制改革进入新的历史阶段。通过不断深化文化体制改革、推动机制创新，破除阻碍文化发展的体制机制弊端，以改革促发展，不断释放中国文化的强大动能"。③在新时代，先进文化制度建设面临新问题和新挑战。党在领导先进文化建设过程中，积极发现先进文化发展中体制机制中存在的陋习和弊端。对不合规范的文化体制进行改造，勇于革新。深化文化体制改革，将先进文化的内在价值与外在制度相结合，探索既符合中国价值传统又反映新时代先进文化治理模式。完善文化建设

---

①肖贵清，刘仓.中国特色社会主义文化制度：战略意义、逻辑结构、构建路径[J].南开学报（哲学社会科学版），2020（6）：1-10.
②中国共产党第十九届中央委员会第四次全体会议文件汇编[M].北京：人民出版社，2019.
③李媛媛.国家治理现代化视阈下的文化制度体系建设与创新[J].行政管理改革，2020（11）：55-60.

体制机制，打通文化发展的脉络，激发文化创造活力，为先进文化建设打牢体制基础。

健全社会效益与经济效益统一的文化创作生产机制。先进文化的繁荣发展推动经济的发展。然而，在先进文化引导和助推之下，产生的文化产业和文化作品所追求的最终成效不是追求经济利益的最大化，而是社会效益的最大化。在文化市场体系下，依然存在诸多问题。"公益性文化事业与经营性文化产业的界定不够清晰，导致文化市场主体陷入效益经济与伦理责任两难的境地"。[1]因此在党领导先进文化生产机制中，为促进文化事业和文化产业两者实现综合协同式发展，要依据二者的各自特点展开领导工作。实现先进文化发展的伦理性和经济性的诉求，不断完善社会主义文化市场体系。要遵循社会主义先进文化发展规律，在激发文化创造活力的同时，始终以文化产品高质量、利民性为主旨。完善文化企业生产的社会责任制度，引导文化生产健康有序发展。

三、促进博物馆等相关文化产业的发展

随着经济发展与知识提升，现代人对博物馆有越来越多的休闲娱乐需求，于是博物馆逐渐转向文化产业方向，许多地区以参观博物馆作为带动旅游产业、振兴地方经济的方式之一。博物馆是文物和标本的主要收藏机构，也是宣传教育机构和科学研究机构，是我国社会主义科学文化事业的重要组成部分。它具有非营利性、实物性、公众服务性特点。博物馆的服务对象是公众，社会效益的发挥是博物馆运营的"主业"。这一特征更是区别古代博物馆和现代博物馆的关键。

推动博物馆文化产业发展的重要性。一是能够推进区域文化旅游产业发展。博物馆通常是本国或当地文化的提纯和浓缩，是感受和了解某一区域文化的最佳手段之一，因此博物馆成为游客的必经之地，这使得博物馆通常成为区域旅游产业的重要活力因素。博物馆所以能够成为重

---

①张永奇. 中国之治的文化根基及其制度伦理建构[J]. 宁夏社会科学，2020（2）：5-13.

要的旅游目的地，是因为博物馆与旅游产业的特质相似，都是通过对地方自然或文化的发掘、再现，对展示活动建构与创造，并依赖观众的造访。博物馆对本地方经济的重要性不仅在于博物馆吸引来的游客所产生的衍生性经济效益，而有更为复杂的关系。文化展示能刺激消费活动的产生，促使具有文化展示功能的博物馆与地方经济产生各种互动关系。因此，为了吸引不同背景的旅游人群进入本区域，博物馆便成为结合消费活动与个人体验的可能手段。

新时代如何推进博物馆等文化产业发展？以人为本，重视公众大多数人的需求。"以人为本"的新人文主义观念应用在博物馆，就是将博物馆的工作和关怀的重点放在"人"，而不只是放在藏品上。观众需要什么，博物馆就呈现什么，包括服务态度、陈列形式、环境设施等方面，都应体现"人性化"的主题。重视人的因素在博物馆发展中的重要作用。在博物馆管理过程中，以调动人的积极性、主观能动性和创造性为根本，追求人的全面发展。坚持这一理念必须注意的问题：树立"人力资本"的观念，强化人本投资。由于对知识价值、人的价值的认可，确立"观众至上，服务第一"的宗旨。博物馆的开发运营是以满足人的精神、知识需求为目的，因而，博物馆在经营过程中，管理人员必须紧紧围绕人的诉求、丰富人的文化知识、符合人的需要以及使人们满意为基本要求，同时还要参照不同职业、不同专业甚至不同年龄的公众要求，分门别类地向他们提供博物馆参观、学习、休闲、娱乐的机会。博物馆在满足群众需求的同时还要实现公平性。一是时间的公平，也就是不同时间段的代内公平与代际公平，尤其是博物馆满足当代对资源与环境的需求不能损坏后代对其需求满足的能力；二是空间的公平，是指不同国家、不同地区博物馆对资源与环境需求满足的公平；要促进生物与生物之间、人与人之间及人类与自然之间的和谐。博物馆的主要社会责任就是要提高公民的科学文化素养、传承文明、保护生态环境，因此要求人类与自然之间保持一种互惠共生的关系，也只有这样，可持续发展才能实现。

结合文化产业发展的规律性，促进博物馆文化产业的发展。文化产业开发有其规律性，各博物馆应结合本馆文化产业项目的特点和结构，从本馆的资源状况出发，制定文化产业开发策略。首先，做好整体性的规划。博物馆应当对本馆的文化产业作出整体性的科学规划。这既是开发文化产业的第一阶段，也是一个至关重要的环节。这种规划主要包括三个方面，即目标规划、资源规划和开发运作规划。目标规划。对文化产业总体目标的规划是整体性规划的基础。这种规划不仅仅限定在对开发范围的选定，而且要对文化产业的一些关键性的成果进行分析论证，并以一系列相应的标准表达出来。这些目标一经确立，便不可随意更改。资源规划。要使博物馆的文化产业发展达到预期目标，就必须对本博物馆的场馆、人力、环境、藏品、品牌等资源进行分析、研究和评估，以便准确地阐述这些资源与文化产业发展目标之间的关系。运作规划。运作规划是在操作的层面上，解决本馆现有的和潜在的资源，如何最合理地加以利用，使其与既定的文化产业发展目标最接近。这种规划要提出一系列操作方案，包括工作程序、技术应用、组织管理系统、进度的安排和日常工作等等。

其次，实现阶梯性的发展要求。博物馆的产业发展是以本馆的实力和后劲为基础的，即以该博物馆的"文化力"为基础。这种文化力的强与弱、能否持续，是文化产业能否成功的关键问题。离开了雄厚的文化力积累，要想达到高能量的、持续性的释放是非常困难的。据此，一座博物馆的文化产业开发应当是阶梯式的。对任何一座博物馆而言，文化产业的第一阶梯是文化力的聚集和培植，第二阶梯才是文化力的释放。前者是后者的基础，后者是前者的发挥。各博物馆都要致力于文化力聚集和培植，做好文化产业开发所需资源、条件的必要贮备，其中既包括硬件方面，也包括软件方面。通过对各种资源深度开发和利用，使其转化为文化产业优势，提升市场竞争水平，最终进入文化力全面释放的阶段。

最后，抓重点和特色，实现历史性突破。由于博物馆的文化产业具有涵盖范围广、内容丰富的特征，所以文化产业的发展不可能齐头并进、全面开花，而应当采取重点突破、带动全局的战略。提高社会、经济效益俱佳的展览项目的市场运作能力。应按照市场运作要求，实行一体化管理。一方面按照项目策划组织管理，以取得良好的效益。另一方面，按照项目资源需求，在单位系统内部，将各子系统的专业资源进行整合，打破常规的组织结构形式，实现共同协调、合作，完成项目的运作。合纵连横，对博物馆文化项目进行立体开发。博物馆的文化项目应当联合社会各方面的力量，向纵深化、立体化发展。例如，除展览本身外，还可设立论坛演讲、交易洽谈、人才交流、科技书市和专家科技培训等内容。此类项目还应与在同一档期的基本陈列和特色临时展览结合起来，与休闲娱乐甚至特色餐饮活动结合起来。加快推出辐射力强、整体效益高的文化产业项目。这些文化产业项目能够帮助博物馆形成一个"微型产业链"。例如，发挥博物馆的地理和环境优势，组织丰富多彩的文化娱乐活动，使博物馆的服务进一步延伸，进而拉动其他经营项目如旅游纪念品、特色餐饮、特色出版物、广告，甚至住宿等等，提高整体效益。

第六节　持续性坚持新时代文化的改革与开放

改革内部文化，促进中国特色社会主义文化的发展。"中国特色社会主义文化，始终源自中华民族五千多年文明历史所孕育的中华优秀传统文化，熔铸于党领导人民在革命、建设和改革中创造的革命文化和社会主义先进文化，植根于中国特色社会主义伟大实践"。①文化自信的树立要充分实现中华优秀传统文化、红色革命文化与社会主义先进文化的融

①党的十九大报告辅导读本[M]. 北京：人民出版社，2018.

合与统一。面对中华优秀传统文化，要依照新时代文化发展的特点和时代需要，有所选择地进行创新和转化，不断选择传统文化的精华加以利用；吸收和继承红色革命文化，以红色革命文化精神不断激励大众永葆爱国之心，培养人民坚强的革命意志；坚定社会主义先进文化，党和国家就要不断丰富社会主义先进文化的内涵，使其永具活力和吸引力。总之，促进这三种文化的协调发展，将中国特色社会主义文化所具有精神和价值理念不断传播延续下去，在文化实践中不断推动中国文化为广大人民群众所自觉认同，提高文化自信。

一、批判性传承中华优秀传统文化的哲学底蕴

世代相传的民族文化造就一个民族的兴盛。中华民族延续至今，最为根本的原因在于从未间断的中华文明给予中华民族以精神力量。古往今来，中华优秀传统文化铸就文化发展的根基，维护国家的发展稳定。中华五千多年的悠久文化历史中蕴含着博大精深的国家治理思想，更衍生出经世致用的文化制度方略。中国共产党在领导先进文化建设中，充分吸收优秀传统文化中的思想，提炼古代文化中的精华，为新时代文化建设注入历史精粹。

中华优秀传统文化为文化自信提供哲学思考。欲强制度必先深究其文化。繁荣发展社会主义先进文化需要汲取中华优秀传统文化的精华。中华优秀传统文化中蕴含着经世致用的治国之道和哲学学理。深层次挖掘中华优秀传统文化，对中国共产党领导先进文化建设大有裨益。中华优秀传统文化中蕴含治国之道。在中国历史发展进程中，每个时期都存在主流文化思想，这些主流文化和思想是中国社会文明发展的印记，更是统治阶级实现统治的强心剂，是统治阶级意识形态的呈现，体现统治阶级的意志。在近代以前的中国历史中，优秀传统文化为古代国家发展作出了积极的贡献。现如今，这些文化思想中的部分价值理念仍对新时代先进文化的发展具有进步意义，为国家和人民所重视和传承，为中华民族复兴提供古老的智慧参考。对待优秀传统文化，要在上下五千年的文化历史脉络中抽象出哲学精华。摒弃其阶级性发展的弊端，提炼其中的价值精粹，将优秀传统文化融入中国先进文化之中，扩充先进文化的内容，实现优秀传统文化的转化，为新时代党领导先进文化制度建设提供文化营养。比如儒家的"民本"思想，"民之所欲，天地从之""民为邦本，社稷次之"。道家的"人与自然的和谐统一"以及法家的法治思想……许多中华优秀传统文化中蕴含哲思学理，亦可成为国家治理中借鉴参考的重要思想。中国共产党领导先进文化建设要追溯中国历史，从这些优秀传统文化中获取智慧和能量。

先进文化的发展要参考和吸收优秀传统文化的精华。从古至今，统治阶级会创建一系列文化，用以规范文化社会中百姓的行为，使主流文化思想普及百姓，实现文化育人，达到维持社会有序发展的目的。摒弃中国传统文化中的消极思想以及不合时宜的部分，采纳其中的积极成分是新时代党领导先进文化的必然选择。中国传统宗法制已被舍弃，但其中蕴含的重视家庭、集体的思想衍生出的"家国一体"对当今实现家庭、社会以及国家发展有可借鉴之处。中国古代监察制度中的合理成分可为国家政治体制改革提供参考。中国古代的科举考试制度的积极之处，创造性完善高考制度。保留儒家文化的精华，剔除其中的封建糟粕，将"仁、义、礼、智、信"等道德要求和伦理观念创造性融入社会主义核心价值观中，实现文化制度的创新。这一系列表现体现汲取古代优秀文化的治理经验为当前国家治理提供良策。

二、包容性借鉴西方先进文化的有益经验

中国特色社会主义文化能够生生不息源于其具有包容性。鸦片战争后，清政府闭关锁国的现状被彻底打破，文化闭塞状态遭受冲击。中国开启自救历程，仁人志士探寻救国方案，从器物救国、制度救国失败后继而转向思想文化救国。中国文化从两千年封建专制中解脱出来，迎接新的发展机遇。西方文化思潮接踵而至，民族主义、无政府主义、理想主义……不断涌入，西方先进的科学知识以及文化制度传入中国，对当时中国的文化教育产生极大影响。中国包容性探寻新文化，不断接纳西

方文化的有益之处。西方文化所倡导的科学、民主、自由等积极思想为我所用。在早期中国救亡图存过程中，孙中山引进西方资本主义的文化思想和政治制度来对抗封建主义，并对抵御外国侵略有一定积极作用。但外受封建势力的压迫，内因资产阶级本身的软弱性，未能完全消灭封建主义统治，资本主义文化在中国的发展受阻，中国向前走资本主义道路的愿望破灭。正是在西方文化与中国文化的碰撞与交汇过程中，中国能够依据国情探索和选择适合中国的先进思想。

在时代发展的关键节点，马克思主义被中国先进知识分子引入中国。马克思主义所具有的先进性、革命性、科学性的文化思想适合当时中国发展现状，中国人民求解放需要先进思想的指导。马克思主义恰逢其时成为中国发展的一剂良药。中国共产党深刻认识到当时中国社会发展的主要矛盾点，科学运用马克思主义思想指导中国革命，最终实现国家独立和人民解放。冷战结束后，全球呈现发展蓬勃生机。面对这一世界形势，中国共产党清楚地认识到走什么样的道路是决定一个国家命运和前途的关键，于是大胆前行，开始走中国特色社会主义道路。顺应时代潮流，党在改革开放过程中领导人民对外学习西方科学技术和先进文化。西方的自由思辨、理性批判的文化气息传入中国，中国立足于社会主义文化之根本，以极大的包容性不断吸取国外先进文化的精华。无论是经济理论、政治文化、学术研究以及文学艺术作品的创作都能体现中国文化汲取世界文化的营养，不断融入世界文化市场，在中国文化与世界其他优秀文化的交流碰撞中逐步衍生出具有中国特色的自主性文化。

三、自主性创新中国特色社会主义文化

中国共产党带领人民在革命、建设和改革中探索出一条适合中国并将长期发展的道路，在中国特色社会主义道路上创造出中国特色社会主义文化，这一文化既是中国特色社会主义的重要组成部分，更是中国特色社会主义发展的精神标识。习近平总书记曾指出："中国特色社会主义道路是当代中国大踏步赶上时代、引领时代发展的康庄大道，必须毫

不动摇走下去。"①中国特色社会主义文化必须延续下去，这一文化为新时代党领导文化自信提供实践经验和精神引领力。中国特色社会主义文化对内凝聚民心利于现代化建设，对外讲述中国故事并提供中国方案，为世界文明贡献中国力量。红色革命文化是中国特色社会主义文化的组成部分，蕴含着伟大革命精神，如红船精神、长征精神、西柏坡精神等等，无数革命先烈用生命换来的革命事业淬炼成永恒的红色革命文化，如今依然历久弥新，激励新时代热血青年为国担当大任、奋斗不息。社会主义先进文化，是在继承中华优秀传统文化以及红色革命文化基础上，历经改革开放和现代化建设的伟大实践形成的现代文化，在中国走向强国的道路中发挥着文化引领的作用，深刻体现着中国共产党带领人民为实现中华民族伟大复兴的初心精神。党领导人民创造的先进文化展现的精神力量至今弥足珍贵。在新时代，中国共产党对红色革命文化以及社会主义先进文化极为重视，加大了文化的投入力度，在教育事业、科技发展、文学艺术以及广播电影中都建立了新的原则和标准。保护红色革命文化遗址，设立红色革命文化展馆，推出红色革命文化艺术作品。"方向决定前途，道路决定命运。我们要把命运掌握在自己手中，就要有志不改、道不变的坚定。改革开放40年来，我们党全部理论和实践的主题是坚持和发展中国特色社会主义"。②社会主义先进文化蕴含着先进的理论，见证着40多年改革开放的伟大成就，体现着中国人民拼搏奋斗的伟大精神。宣扬社会主义先进文化，倡导社会主义核心价值观，利用网络舆论弘扬社会主义先进文化，正面引导主流价值观念。

四、坚定文化建设为中国梦永续精神力量

为实现中华民族伟大复兴提供动力。"代替那存在着阶级和阶级对立的资产阶级旧社会的，将是这样一个联合体，在那里，每个人的自由发

①习近平. 在庆祝改革开放40周年大会上的讲话2018[M]. 北京：人民出版社，2018.
②习近平. 在庆祝改革开放40周年大会上的讲话2018[M]. 北京：人民出版社，2018.

展将是一切人自由发展的条件"。①共产主义社会中，文化的发展将是每个人自由独立地追求自己的精神生活，一切人能够按照自己的需要去选择多样性的文化，不再有阶级压迫性，文化的专制强权也不复存在，全球文化圈的信息和文化将是每个人都可以平等享受和获取的。中国未来实现中华民族伟大复兴，实现中华文化的发展，需要继承无产阶级文化发展的伟大精神财富，需要坚定实现共产主义的决心和毅力。"全世界无产者联合起来！"②面对资本主义的强大，共产主义社会的实现需要全世界的无产阶级共同联合，一起反对资产阶级的剥削和压迫，凝聚无产阶级最广泛的力量去实现终极目标。这就为中华民族实现伟大复兴中国梦提供了启示，中华民族要想实现复兴，是在广大人民群众的共同奋斗中同心同力去完成这一艰巨任务。这就需要共同的精神和价值追求将各民族凝聚在一起，需要中国特色社会主义文化不断为民族复兴提供精神动力。为了中国经济、政治、社会生态等方面的和谐发展有共同的精神支撑，为伟大中国梦而奋斗，那么中国特色社会主义文化要坚定地占领文化主阵地，坚定社会主义方向，不断加强对共产党人和大众的理想信念教育。在中华优秀传统文化中吸取精华，在红色革命文化精神中获得力量，积极倡导发展社会主义先进文化从而使新时代中国主流文化——中国特色社会主义文化继续保持文化的感召力和影响力，为中华民族伟大复兴中国梦的实现提供精神、价值和力量。

第七节　借助新媒体向世界传播中国文化力量

文化市场欣欣向荣，新时代我国文化资源已经较为丰富，文化传播效应亟须进一步优化，借助新媒体向世界传播中国力量，提高文化的传播效应和接受度。

①马克思恩格斯文集[M].成都：四川民族出版社，2020.
②马克思恩格斯文集[M].成都：四川民族出版社，2020.

一、搭建立体化的国际新闻传播平台

中国新闻要想在世界上传播范围更广阔，搭建立体化的国际新闻传播平台具有至关重要的作用。众所周知，伴随着经济发展与科技进步，新媒体时代应运而生，在国际新闻的传播过程中，显然需要多样化的传播方式与途径，结合传统媒体与现代新型的媒体传播方式，建立健全新闻传播的多元化传播渠道，为中国力量的传播奠定基础。

第一，充分发挥传统媒体新闻传播平台的功能。传统媒体主要包括报刊、广播、电视、收音机等，尽管新媒体的涌现使得传统媒体的关注度有所下降，但是其固有的传播力、影响力不容忽视。这就要求我们掌握传统媒体所能影响的舆论宣传阵地，不断与时俱进、推陈出新，发挥其重要功能。默多克新闻集团是世界上规模最大、国际化程度最高的综合性传媒公司之一，我国要学习其打造国际化新闻平台的方式方法，要"知人顺势而为，事半功倍之效"，树立"不发展就是死亡"的观念，进行有的放矢的多方向并购，积极利用国家政策实现资源化对接，逐渐实现由单一媒体到综合媒体集团的转变。

第二，建立健全新媒体传播平台。中国互联网是全球第一大网络，网民数量最多，在新媒体时代，要逐渐建立健全新闻传播平台并完善相应的传播体制与机制。充分利用互联网平台上的新闻网站、商业门户网站、手机客户端、微信公众号、微博等途径进行国际新闻传播。需要重点注意的是，新闻网站的建设方面充分结合传统媒体新闻传播的信息进行二次传播，能够更好地建构中国逻辑、传播中国故事、阐释中国特色、展现中国精神面貌，获得双重叠加的传播效应，推进新时代文化自信的顺利发展。

二、打造一批国际新闻传播旗舰媒体

党的十九大报告指出，中国特色社会主义进入新时代。中华民族逐渐实现由站起来、富起来到强起来的转变，当然在传媒实力上也应该实现"强起来"，事实上，中国国内传播力最强，传播基础也比较雄厚，而在国际传播和传媒经济方面则较差。因此，打造一批国际新闻传播旗舰媒体势在必行。

国际新闻传播能力的衡量标准就是所拥有的国际话语权的大小，国际话语权的表达就是通过在世界范围内新闻传播的影响力以及号召力的程度。中国社会科学院新闻与传播研究所教授明安香认为："话语权的缺失使得一个国家的形象很难保证在其他国家的媒体上不被扭曲，因此必须打造自己的国际媒体，以在国际社会中真实、客观地发出自己的声音，展现出自己完整的国家形象。"中国的国际地位在不断上升的过程中，要拥有更多的话语权，一方面要让本国的新闻以及媒体在全球范围内落地，积极实施"走出去"战略，让更多的国家和地区了解中国、认同中国的文化；另一方面也要积极推行"引进来"战略，借鉴其他国家先进的新闻媒体集团的建设经验以及先进的报道理念与方法，结合中国国情与实际情况，打造一批国际新闻传播旗舰媒体，促进国际新闻传播能力的提高，更好地参与全球话语权的争夺，向世界传递中国声音和中国力量。

三、培养和造就新时代文化自信的主体

文化是人们在实践活动中所创造出来的产物，也是新时代文化自信的承担者和表现者，文化自信的永恒主体是人。换言之，是拥有这种文化的人们，而不是文化本体。文化本体没有自信与不自信之分，它是由其主体（人们）创造和传承并且发扬光大的一些活动样式和人们精神的承载体。因此，强调文化自信首先需要提高人自身的素质。

文化本身并没有尊卑贵贱之分，而是人们根据一定的标准对其进行认知与划分，并通过自身的主观感知赋予文化一定的情感感受。文化自信本质上就是人民的自信，具体来说就是人民群众表现出来的外在的精神面貌，因此要推进新时代文化事业的进一步发展，亟须提高人民群众自身的文化素质。我国人民的文化自信是基于文化自觉基础上的，是一种基于理性认识上的精神成熟度的高度体现。一方面要大胆地宣传本民

族先进文化，另一方面也要有足够的自信去学习他国文化中的优异成果，甚至拥有"化腐朽为神奇"的自信与能力。加强对人民的文化素质教育，深入推动中华优秀传统文化的创造性转化与创新性发展，积极传承与弘扬优秀传统文化的底蕴与品质；继承发展革命文化精神以及推动社会主义先进文化深入人心，为培育新时代文化自信的主体奠定基础①。

建设中国特色社会主义文化事业关键在人，积极培养有理想、有道德、有文化的合格接班人有利于新时代文化事业的进步。我们要将民族文化自信和个人的主体自信结合起来，这样才能真正推动国民整体素质提高，才能从根本上实现文化自信。文化自信建设需要提高个人的素质，只有将个人与整体相互融合，才能更好地促进文化自信的发展，促进中华文化有足够底气走向世界，为世界文化的发展起到重要导向作用。

四、建设健康向上的文化自信生态环境

互联网是一个社会信息大平台，亿万网民通过互联网这种便利的获得知识的途径，深刻影响着自己的思维方式和价值观念。善于用互联网了解民意、开展工作，对新时代文化自信的发展和营造健康向上的生态环境具有至关重要的作用。

新形势下领导干部以及相关负责人员要为亿万网民营造天朗气清、生态良好的网络空间，运用行政或者法律手段治理乌烟瘴气的网络空间，积极为人民群众拥有健康的文化自信生态环境不懈奋斗。具体来说，国家要坚决制止利用网络鼓吹推翻国家政权、宣扬宗教极端主义或者是涉及民族分裂的言论的行为。此外，对于那些利用网络技术对人民群众进行欺诈活动或者散布黄赌毒思想的行为都要根据相关法律严加惩罚以警示后人。建设健康向上的文化自信生态环境还要注重网络舆论导向问题，引导广大人民群众树立正确的舆论导向，不是说只允许一种声音出现，而是人民群众可以进行发声，但是不能出现颠倒黑白、造谣生

①郭德静，王焕斌，杜永明.新时代坚定文化自信理论与实践[M].北京：知识产权出版社，2022.

事、违法乱纪的行为，一定要遵守宪法法律所划定的界限。

新时代，要本着对社会负责任、为人民群众谋幸福的工作理念，依法加强对网络空间的环境治理，利用科学技术加强网络文化建设，积极占领宣传阵地，用社会主义核心价值观丰富人民群众的内心生活，做好正面文化宣传，培养健康向上的网络生态文化环境，为最广大人民群众营造和谐的网络空间，为文化正能量的传递奠定基础，为新时代文化自信的发展提供推动力。

参考文献

[1]管仲.管子治理之道[M].北京：人民出版社，2016.

[2]塞缪尔·亨廷顿（Huntington,S.P.），劳伦斯·哈里森（Hamison,L.E.）.文化的重要作用：价值观如何影响人类进步[M].北京：新华出版社，2010.

[3]列宁.列宁选集[M].北京：中央编译出版社，2022.

[4]安东尼奥·葛兰西.狱中札记[M].曹雷雨，姜丽，张跣，译.开封：河南大学出版社，2016.

[5]平天下:中国古典治理智慧[J].理论与当代，2015（8）：53.

[6]鲍书芳.从社会热点的角度探索十九大精神融入思想政治进程的路径[J].思想政治课研究，2019（2）：44-47+43.

[7]五百家注昌黎文集[M].北京：北京若愚文化发展有限公司，2014.

[8]切实增强做好新时代新征程宣传思想文化工作的责任感使命感[N].人民日报，2023-10-12（001）.

[9]易学百科全书[M].上海：上海辞书出版社，2018.

[10]习近平著作选读：第1卷[M].北京：人民出版社，2023.

[11]习近平著作选读：第2卷[M].北京：人民出版社，2023.

[12]曹劲松.文化自信：把握习近平文化思想的价值内核[J].南京社会科学，2023（11）：1-9.

[13]陈生玺.治国明鉴下[M].杭州：浙江古籍出版社，2014.

[14]程莉莉.新时代青年学生地方文化自信缺失的困境及消解[J].广东石油化工学院学报，2019（2）：86-90.

[15]冯爱琳，郇尚炜.文化自信与高校德育工作的路径选择[J].河北民族师范学院学报，2019（2）：108-113.

[16]耿振东.管子译注[M].上海：上海三联书店，2018.

[17]郭德静，王焕斌，杜永明.新时代坚定文化自信理论与实践[M].北京：知识产权出版社，2022.

[18]郭齐勇，田文军，文碧芳.中国哲学史[M].北京：商务印书馆，2021.

[19]黄朴民.老子[M]合肥：安徽文艺出版社，2021.

[20]黄威，王湘霖，薄海珠，等.新媒体时代大学生文化自信提升的机遇、挑战与路径[J].哈尔滨职业技术学院学报，2023（2）：95-98.

[21]李滨雁.新时代文化自信融入高等院校思政教育研究[J].经营管理者，2019（5）：103-105.

[22]李丹，胡新峰.高校坚持以社会主义核心价值观引领文化建设制度化研究[J].思想政治教育研究，2021（2）：30-34.

[23]李媛媛.国家治理现代化视阈下的文化制度体系建设与创新[J].行政管理改革，2020（11）：55-60.

[24]刘康德.《淮南子》 鉴赏辞典[M].上海：上海辞书出版社，2018.

[25]刘林涛.文化自信的概念、本质特征及其当代价值[J].思想教育研究，2016（4）：21-24.

[26]刘雪花，万志全，黑启明.高校思想政治教育中的文化自信研究[J].学理论，2019（5）：164-166+171.

[27]刘艳.新时代文化自信的实践路径研究[D].长春：吉林财经大学，2019.

[28]马光霞.立足本土 构建高校思政课特色实践育人模式[J].思想政治课研究，2019（2）：79-83.

[29]马俊峰，刘殷君.以习近平新时代中国特色社会主义思想引领马克思主义学院建设[J].思想政治课研究，2019（2）：4-7+12.

[30]马克思恩格斯全集：第3卷[M].北京：人民出版社，2016.

[31]马克思恩格斯全集：第四十四卷[M].北京：人民出版社，2016.

[32]马克思恩格斯文集[M].成都：四川民族出版社，2020.

[33]马丽萍.新时代互联网视域下文化自信的挑战分析[J].品位·经典，2023（10）：60-63.

[34]马敏，李子林，张执均.坚定文化自信，助推文化兴盛[M].武汉：武汉大学出版社，2019.

[35]毛泽东.毛泽东选集1-4共4册[M].北京：人民出版社，2014.

[36]孟维星.我国文化体制改革问题研究[D].哈尔滨：黑龙江大学，2020.

[37]宁凯惠.我国宪定文化制度的价值构造及其优化[J].湖北社会科学，2020（6）：117-128.

[38]逄先知，冯蕙,陈晋，等.毛泽东年谱（一九四九——一九七六）：第5卷[M].北京：中央文献出版社，2013.

[39]蒲晓娟.大学中庸[M].成都：四川人民出版社，2019.

[40]全宋文36[M].成都：巴蜀书社，2012.

[41]党的十九大报告辅导读本[M].北京：人民出版社，2018.

[42]中共中央关于党的百年奋斗重大成就和历史经验的决议[M].北京：人民出版社，2021.

[43]人民日报海外版"学习小组".中国古典政治智慧平天下[M].北京：人民出版社，2016.

[44]邵文辉.求大同[M].北京：人民出版社，2016.

[45]邵雍.学习习近平总书记3·18重要讲话有感：以如何上好党史类课程为例[J].思想政治课研究，2019（2）：38-43.

[46]沈壮海，刘水静.深刻把握习近平文化思想守正创新的精神特质[N].光明日报，2023-12-14（006）.

[47]苏逢军.孟子选[M].北京：清华大学出版社，2017.

[48]孙成武，吴玥.习近平文化思想对中国社会主义文化建设理论的创新[J].北京交通大学学报（社会科学版），2023：1-7

[49]孙雪霞，陈一平.中国文化概论新编[M].广州：暨南大学出版社，2022.

[50]孙岳兵.马克思主义文化建设思想的继承与发展[M].北京：中国政法大学出版社，2018.

[51]唐琳.周易研究与解义[M].北京：商务印书馆，2023.

[52]王明生.坚定文化自信与自觉：中国共产党吸收外来文化的基本立场和价值遵循[J].西北工业大学学报（社会科学版），2021（4）：71-78.

[53]王雪冉，田云刚.关于中国特色社会主义文化理论内涵的几点思考[J].中共山西省委党校学报，2022（1）：18-22.

[54]王岩，吴媚霞.中国式现代化新道路与人类文明新形态的内在逻辑理路[J].思想理论教育，2021（11）：12-19.

[55]王中江.老子学集刊：第8辑[M].北京：中国社会科学出版社，2023.

[56]吴汉全.党的二十大报告辅导读本[M].长春：吉林人民出版社，2023.

[57]习近平.高举中国特色社会主义伟大旗帜　为全面建设社会主义现代化国家而团结奋斗[M]北京：人民出版社，2023.

[58]习近平.2021论中国共产党历史[M].北京：中央文献出版社，2023.

[59]习近平.高举中国特色社会主义伟大旗帜为全面建设社会主义现代化国家而团结奋斗：在中国共产党第二十次全国代表大会上的报告2022年10月16日[M].北京：人民出版社，2022.

[60]习近平.论党的青年工作[M].北京：中央文献出版社，2022.

[61]习近平.论坚持人与自然和谐共生[M].北京：中央文献出版社，2022.

[62]习近平.深入实施新时代人才强国战略加快建设世界重要人才中心和创新高地[J].当代党员，2022（1）：3-7.

[63]习近平.习近平谈"一带一路"[M].北京：人民出版社，2018.

[64]习近平.习近平谈治国理政：第二卷[M].北京：外文出版社，2017.

[65]习近平.习近平谈治国理政[M].北京：线装书局，2022.

[66]习近平.习近平在亚太经合组织第二十九次领导人非正式会议上的讲话[M].北京：人民出版社，2022.

[67]习近平.携手构建合作共赢、公平合理的气候变化治理机制：在气候变化巴黎大会开幕式上的讲话[M].北京：人民出版社，2015.

[68]习近平.在北京大学师生座谈会上的讲话[J].共产党员（河北），2018（10）：1+4-7.

[69]习近平.在纪念邓小平同志诞辰110周年座谈会上的讲话[J].福建党史月刊，2014（15）:1+4-9.

[70]习近平.在庆祝改革开放40周年大会上的讲话[M].北京：人民出版社，2018.

[71]习近平.在知识分子、劳动模范、青年代表座谈会上的讲话[J].中国教工，2016（5）：6-8.

[72]肖贵清，刘仓.中国特色社会主义文化制度：战略意义、逻辑结构、构建路径[J].南开学报（哲学社会科学版），2020（6）：1-10.

[73]肖剑南.论坚持马克思主义在意识形态领域指导地位的根本制度[J].学术探索，2021（2）：21-27.

[74]新华通讯社.习近平总书记在庆祝中国共产党成立100周年大会上重要讲话精神述评[M].北京：新华出版社，2021.

[75]杨欣，肖育苗.习近平"又红又专"思想的新内涵及贯彻[J].法制博览，2019（14）：274-275.

[76]叶旋.从"技能本位"到"德技并修"：传统文化融入高职专业教育的路径探究[J].金华职业技术学院学报，2019（3）：17-21.

[77]于丹.于丹论语心得[M].北京：生活·读书·新知三联书店，2017.

[78]云杉.文化自觉　文化自信　文化自强：对繁荣发展中国特色社会主义文化的思考[J].新华文摘，2010（20）：1-9.

[79]张浩.中国古典哲学名著粹言选读[M].西安：西北大学出版社，2019.

[80]张永奇.中国之治的文化根基及其制度伦理建构[J].宁夏社会科学，2020（2）：5-13.

[81]赵淑彦，王明娟.文化自信与承德地域文化的挖掘与传播研究[J].河北民族师范学院学报，2019（2）：23-27.

[82]中共中央党史和文献研究院.习近平关于社会主义精神文明建设论述摘编[M].北京：中央文献出版社，2022.

[83]中共中央党史和文献研究院.习近平新时代中国特色社会主义思想学习论丛：第1辑[M].北京：中央文献出版社，2020.

[84]中共中央关于党的百年奋斗重大成就和历史经验的决议[N].人民日报，2021-11-17（001）.

[85]中共中央马克思恩格斯列宁斯大林著作编译局.列宁全集（第2版增订版）：31[M].北京：人民出版社，2020.

[86]中共中央马克思恩格斯列宁斯大林著作编译局.列宁选集：第2卷[M].北京：人民出版社，2012.

[87]中共中央马克思恩格斯列宁斯大林著作编译局.列宁选集：第4卷[M].北京：人民出版社，2012.

[88]中共中央马克思恩格斯列宁斯大林著作编译局.列宁选集：第1卷[M].北京：人民出版社，2012.

[89]中共中央马克思恩格斯列宁斯大林著作编译局.马克思恩格斯选集：第1卷[M].北京：人民出版社，2012.

[90]中共中央文献研究室.十八大以来重要文献选编：上[M].北京：中央文献出版社，2014.

[91]中国共产党第十九届中央委员会第四次全体会议文件汇编[M].北京：人民出版社，2019.

[92]周妤.红色歌曲融入高校思想政治教育研究[J].思想政治课研究，2019（2）：48-52.

[93]朱祖延.引用语大辞典增订本[M].武汉：武汉出版社，2010.